Salahddine Krit

Exercices Corrigés POO, Langage JAVA

Salahddine Krit

Exercices Corrigés POO, Langage JAVA

Noor Publishing

Cover image: www.ingimage.com

Publisher:
Noor Publishing
is a trademark of
International Book Market Service Ltd., member of OmniScriptum Publishing Group
17 Meldrum Street, Beau Bassin 71504, Mauritius
Printed at: see last page
ISBN: 978-620-0-77798-0

Exercices Corrigés POO, Langage JAVA

Professeur : Salah-ddine KRIT

Références

1) **Gosling & Arnold : «le langage Java», traduction Miniussi & Chaumette, International Thomson Publishing.**
Livre clair et très adapté pour les débutants, écrit par le créateur du langage.
2) **Niemeyer & Peck : « JAVA par la pratique », Editions O'Reilly.**
Livre qui couvre l'ensemble des aspects de Java par des exemples.
3) **Irène Charon : « le langage Java, concepts et pratique », Hermès.**
4) **(http://www.infres.enst.fr/~charon/coursJava/)**
Cours en ligne avec exercices corrigés. Très bien.
5) **Jérôme Bourgeault : « Java : la maîtrise », Les Guides de formation Tsoft, Eyrolles.**
Livre exhaustif avec AWT, JDBC, JavaBeans, JFC, Swing, etc.
6) **« Java Corner » : Un service d'information sur le langage JAVA réalisé par des membresdu Centre Universitaire d'Informatique (CUI) de l'Université de Genève.**
7) **(http://cuiwww.unige.ch/java/)**
8) **Livre : "Java", 2ème édition, Eyrolles. Auteur : Claude Delannoy.**
9) **« Exercices en Java » Eyrolles. Auteur : Claude Delannoy.**

10)« Objet Oriented Programming » Auteur : School of Computer Science University of KwaZulu-Natal.

Introduction à l’environnement de la programmation sous Java

1. Introduction

Java est un langage de programmation orienté objet créé en 1991 par « SUN Microsystem : c’est une société qui est rachetée par Oracle en avril 2009 ». L’objectif initial était la programmation de petits appareils comme des télécommandes, la programmation d’applications Web. Il est devenu actuellement l’un des langages de programmation généraliste les plus utilisés. Le langage Java connu beaucoup d’évolution depuis sa création. Plusieurs versions ont été développées: la première version « Java 1.0 » en 1996 …..
Plusieurs environnements java sont disponibles:
- Java SE (Standard Edition)
- Java ME (Mobile Edition)
- Java EE (Enterprise Edition)

Environnement Java SE

- Outil JDK : Outils de développement JDK (Java Developpment Kit) de SUN (voir site :
http://java.sun.com).
• Il est gratuit.
• Il contient un ensemble de paquetages très riches et très variés.
• Il contient un ensemble d’outils : le compilateur : « javac », le JVM (Java Virtual Machine)« java », le générateur de documentation.
- Des environnements de développements gratuits sont disponibles, par exemple :
• **NetBeans : http://www.netbeans.org/**
• **Eclipse : http://www.eclipse.org/**

2. Quelques caractéristiques

Java est un langage purement orienté objet. En effet, l'entité de base de tout code Java est la classe :
c'est-à-dire qu’en Java, tout se trouve dans une classe, il ne peut y avoir de déclarations ou de code endehors du corps d'une classe.
La syntaxe du langage Java est très proche du langage C++ (et par conséquent du langage C). Ci aprèson donne une simple comparaison entre ces deux langages :
- Création des langages:
• C++ est crée dans les laboratoires « AT&T Bell » en 1983.
• Java est crée dans les laboratoires de « Sun Microsystems » en 1991.
- Java évite les points "critiques" du langage C++:
• Les pointeurs
• La surcharge des opérateurs
• L’héritage multiple

- Gestion de la mémoire : En java, la libération de la mémoire s'effectue de manière implicite : ilexiste un mécanisme de gestion automatique de la mémoire, connu sous le nom de ramasse miettes(en anglais Garbage Collector) qui est chargé de détecter les objets à détruire. Ceci permet un gainde fiabilité au détriment d'une perte en rapidité par rapport à C++.
- Portabilité :
• Le compilateur C++ produit un exécutable qui dépend de l'environnement de travail (processeur,système d'exploitation, etc.) où le code source est compilé. Par conséquent, à priori, pour uneexécution sur un autre environnement, on doit donc créer des exécutables propres à chaque typed'architecture sur laquelle on veut exécuter le programme.
• En Java, la compilation ne traduit pas directement le programme source dans le code natif del'ordinateur. Le code source est d'abord traduit dans un langage intermédiaire appelé "bytecode",langage d'une machine virtuelle (JVM – Java Virtual Machine) définie par Sun. Le bytecode,généré par le compilateur, ne dépend pas de l'environnement de travail ou le code source estcompilé. Au moment de l'exécution, il sera traduit dans le langage machine relatif à la machinesur laquelle il sera exécuté.

3. Compilation

Le nom du fichier source à compiler doit être identique au nom de la classe auquel on rajoutel'extension « .java ». *Sun* fournit le compilateur « *javac* » avec le JDK. Par exemple, si« **NomDeClasse.java** » est le nom du fichier source à compiler, alors la commande :

javac NomDeClasse.java

compile la classe « **NomDeClasse** » dont le code source est situé dans le fichier« **NomDeClasse.java** ».

Cette compilation crée un fichier nommé «**NomDeClasse.class**» qui contient le « *bytecode* ». C'est cebytecode qui sera exécuté par une JVM. En générale, si un système possède une JVM alors il peutexécuter tous les bytecodes (fichiers .class) compilés sur n'importe quel autre système.

Important : Si le fichier « **NomDeClasse.java** » fait référence à des classes, situées dans desrépertoires différents du répertoire courant (répertoire de travail), alors il faut les spécifier:

- Soit pendant la compilation à l'aide de l'option « -classpath ». Exemple : supposons qu'on faitréférences à des classes situées dans les répertoires « /prog/exemple et /cours », alors on doit lesspécifier de la façon suivante:

sous windows: javac -classpath /prog/exemple ; /cours; NomDeClasse.java

sous Linux : javac -classpath /prog/exemple:/cours : NomDeClasse.java

- Soit dans la variable d'environnement « CLASSPATH ». Cette variable indique le chemin ou setrouve les classes (par défaut la recherche des classes se fait dans le répertoire courant).

4. Exécution du bytecode

La compilation d'un programme Java ne traduit pas directement le code source en fichier exécutable.
Elle traduit d'abord le code source en un code intermédiaire appelé «*bytecode*». C'est le *bytecode* quisera ensuite exécuté par une machine virtuelle (JVM ; *Java Virtual Machine*). Ceci permet de rendre lecode indépendant de l'architecture de la machine sur laquelle le programme a été compilé.
Le *bytecode est* exécuté par une JVM (simulée par un programme) qui-lit les instructions (en *bytecode*) du programme **.class**,
- les traduit dans le langage natif de la machine sur laquelle il sera exécuté.
- lance l'exécution
Sun fournit le programme « *java* » qui simule une JVM. Pour l'exécution, il suffit d'utiliser lacommande: **java NomDeClasse**
Important :
- Il ne faut pas rajouter l'extension « **.class »**
- Si des classes d'autres répertoires sont nécessaires, alors :
• Soit, il faut les spécifier à l'aide de l'option –classpath. Si par exemple on fait références à desclasses situées dans les répertoires « /prog/exemple et /cours », alors on doit les spécifié pendantl'exécution de la façon suivante:
sous windows: java -classpath /prog/exemple; /cours NomDeClasse
sous Linux: java -classpath /prog/exemple:/cours: NomDeClasse
• Soit, il faut les rajouter dans la variable d'environnement « CLASSPATH ».

5. Un exemple de programme java

Considérons la classe « **MonPremProg** » définie ci-desous:

```
public class MonPremProg {
public static void main(String args[]) {
System.out.println(" Bonjour: mon premier programme Java " );
}
}
```

- Ce code doit être sauvegardé obligatoirement dans un fichier texte (fichier source) dont le nom est lenom de la classe avec l'extension « .java » : le nom de la classe est « **MonPremProg** » donc lefichier source sera nommé « **MonPremProg.java** »
- Cette classe est exécutable car elle posséder la méthode « *main()* » ayant la signature :
public static void main(String[] args).
Pour compiler, on utilise la commande ***javac***:
javac MonPremProg.java
La compilation génère un fichier nommée « MonPremProg.class » c'est la bytecode.

Pour l'exécution, on utilise la commande ***java***:
java MonPremProg
La machine virtuelle JVM interprète le *bytecode* de la méthode « *main()* » de la classe« MonPremProg ». L'exécution du programme « MonPremProg » affiche à l'écran la chaîne decaractères:
Bonjour: mon premier programme Java
Ceci grâce à l'instruction: System.out.println("Bonjour: mon premier programme Java ");

De manière générale :

- Dans tout programme destiné à être exécuté, doit contenir une méthode particulière nommée«main() ». Elle contient le «programme principal» à exécuter. Elle est définie de la manière suivante:

```
public static void main(String args[]) {
/* corps de la méthode */
}
```

Le paramètre args est un tableau d'objets de type String. Il est exigé par le compilateur Java.
- La méthode « main() » ne peut pas retourner d'entier comme en C.
- La classe contenant la méthode main() doit obligatoirement être public afin que la machine virtuelle yaccède.
- Dans l'exemple précédent, le contenu de la classe « MonPremProg » est réduit à la définition d'uneméthode main().
- Un fichier source peut contenir plusieurs classes mais une seule doit être public (dans l'exemple c'estla classe: MonPremProg).
- Le nom du fichier source est identique au nom de la classe publique qu'il contient avec l'extension« .java ». Dans l'exemple précédent, le fichier source doit obligatoirement avoir le nom:« MonPremProg.java ».

<u>Questions Générales</u>

Filières : GL, SMI, IGE (S5)

Module : POO JAVA

Prof : S.KRIT

Questions générales :

1. Donner la définition et les avantages des langages POO.
2. Que signifie **classe**, **objet**, **package**, **encapsulation**, **JVM**, **API**, **constructeur**.
3. Que signifie l'héritage.
4. Quelle est la différence entre les variables d'instance (objet) et les variables de classe.
5. Quel sont les déférentes modificateurs

   ➔Voir le cours
6. Trouver la phrase qui résume la définition d'encapsulation et les trois autres qui décrivent les divers aspects du polymorphisme

   a. le **P.** est un mécanisme consistant à rassembler les données et les méthodes au sein d'une structure en cachant l'implémentation de l'objet.

   b. le P. signifie que la même opération peut se comporter différemment sur différentes classes de la hiérarchie.

   c. le P. offre la possibilité à plusieurs objets de natures différentes d'exposer une interface identique au système, et ainsi répondre à un même message d'une manière qui leur est propre

   d. le P. consiste à autoriser le même code à être utilisé avec différents types, ce qui permet des implémentations plus abstraites et générales.

7. L'interprétation des programmes Java est effectuée par

   a. API

   b. JDK

   c. **JVM**

   d. AWT

8. Après les initialisations

String mot = "toto";

boolean test = false ;

a. **la** variable **mot** contient une référence à la chaine "**toto**"

b. la variable **mot** contient "**toto**"

c. la variable **test** contient -1
d. la variable **test** contient **false**
e. la variable **test** contient une référence à **false**

9. **Les données de type char sont codées en java comme :**
   a. un octet (code ASCII)
   b. deux octets (code ASCII)
   c. un octet (code unicode)
   d. deux octets (code unicode)
   e. un ou deux octets selon l'application
   f. Aucune des réponses ci-dessus n'est valable
10. **Pour exécuter une application écrite en java et compilée sous Linux dans un ordinateur fonctionnant**
   a. sous Windows on doit :
   b. Recompiler les sources originales
   c. Changer légèrement les sources et les recompiler
   d. Réécrire le programme pour l'adapter au nouveau système
   e. Copier les binaires qui peuvent être exécutées sans changement
   f. Installer un \plugin" de conversion
   g. Aucune des réponses ci-dessus n'est valable
11. **Un attribut** static **est un attribut**
   a. **qui** a une valeur unique dans toutes les instances de la classe.
   b. dont la valeur ne peut pas être modifiée
   c. qui a une valeur unique dans toutes les instances de la classe et dont la valeur ne peut pas être modifiée
   d. qui est déclaré dans la méthode **main()**
   e. **qui** peut être initialisé dans la méthode **main()**
   f. **qui** est attaché à la classe et non à ses instances

12. **les constructeurs déclarés dans une classe**
   a. sont toujours hérités par les sous-classes
   b. **ne** sont jamais hérités par les sous-classes
   c. sont hérités par les sous-classes si on ne déclare pas de constructeur dans la sous-classe
13. **Dans une boucle (for, while, do... while)**
   a. on utilise **continue** pour sortir de la boucle et passer à la suite de la méthode
   b. **on** utilise **break** pour sortir de la boucle et passer à la suite de la méthode
   c. **on** utilise **return** pour sortir de la méthode
   d. **return** est interdit à l'intérieur d'une boucle

14. **L'instruction** break **est autorisée**
   e. dans un bloc if
   f. **dans** un bloc for
   g. **dans** un bloc switch
   h. **dans** un bloc while

15. **quelle est la différence entre l'exécution d'un bloc** while **et celle d'un bloc** do {...} while
   i. le bloc while peut être exécuté zéro fois
   j. le bloc do... while est exécuté au moins une fois
16. **Une sous-classe**
   a. **hérite** de tous les attributs de sa super-classe
   b. hérite de tous les accesseurs de sa super-classe et ne peut pas les modifier
   c. **hérite** de tous les accesseurs de sa super-classe mais peut les masquer par une surcharge
   d. hérite de tous les constructeurs de sa super-classe
   e. hérite de tous les constructeurs de sa super-classe s'il n'y a pas de constructeur dans la sous-classe
   f. **n'hérite** pas des constructeurs de sa super-classe mais peut les appeler
17. **Pour toute classe, un constructeur par défaut (créé par le compilateur), existe dans les cas suivants :**
   a. Dans tous les cas
   b. Si il n'y a pas d'autre constructeur de défini
   c. Si il y a au moins un autre constructeur de défini
   d. Jamais, il faut le définir
   e. Si la classe comporte une méthode main
   f. Quand la classe est publique
18. **On a la variable**
   a. String sb=new String("Bonjour");
   b. Lesquelles de ces expressions renvoient la valeur true ?
   c. sb="Bonjour"
   d. sb.equals("bonjour")
   e. sb=="Bonjour"
   f. sb=="bonjour"
   g. sb.equalsIgnoreCase("Bonjour")

I. Les opérateurs et les expressions

Exercice 1.1

Ecrire un programme en java qui affiche les valeurs de deux attributs a=12, b=16.5.

Solution :

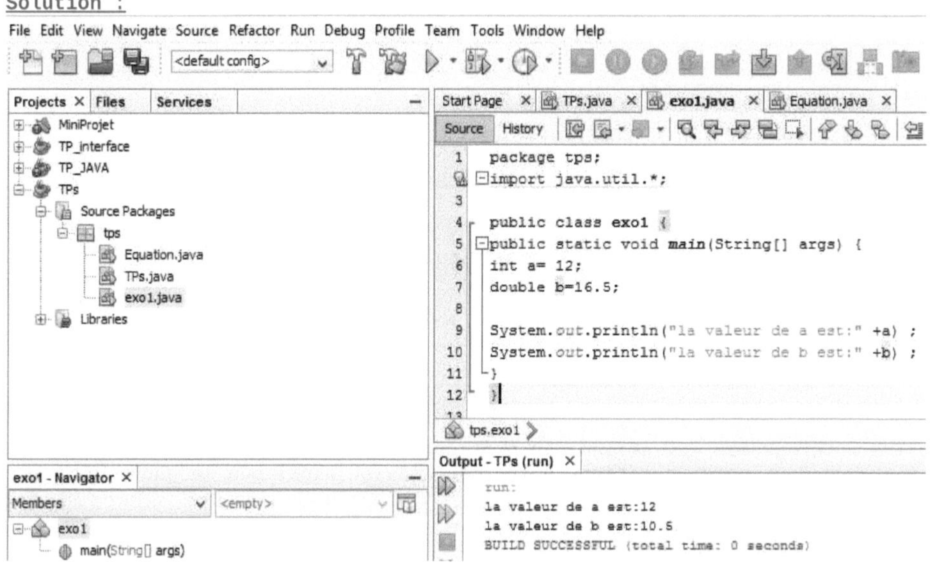

Exercice 1.2

Ecrire un programme en java qui lit une chaine de caractères au clavier et affiche le mot.

Solution :

```
package tps;
import java.util.*;
/* @author Salah */
public class exo2 {
    public static void main(String[] args) {
        Scanner sc = new Scanner(System.in);
        String str;
             System.out.println("Veuillez saisir un mot :");

             str= sc.nextLine();
  System.out.println("Vous avez saisi : " + str);
```

```
    } }
```

Exercice 1.3

Ecrire un programme en java qui affiche la somme et la multiplication de trois variables de type entier qui sont entrées au clavier.

Solution :

```
package tps;
import java.util.*;

public class exo3 {
public static void main(String[] args) {
Scanner sc = new Scanner(System.in);
    int a, b, c, som, mul;
System.out.print("Entrez la valeur de a:");
        a=sc.nextInt();
System.out.print("Entrez la valeur de b:");
        b=sc.nextInt();
        System.out.print("Entrez la valeur de c:");
        c=sc.nextInt();
        som=a+b+c;
        mul=a*b*c;
System.out.println("la somme est:" +som) ;
System.out.println("la multiplication est:" +mul) ;
} }
```

Exercice 1.4

Ecrire un programme qui affiche le quotient et le reste de la division entière de deux nombres entiers entrés au clavier ainsi que le quotient rationnel de ces nombres.

Solution :

```
package tps;
import java.util.*;

public class exo4 {
public static void main(String[] args) {
Scanner sc = new Scanner(System.in);
 int a, b, dev, rest;
System.out.print("Entrez la valeur de a:");
        a=sc.nextInt();
System.out.print("Entrez la valeur de b:");
        b=sc.nextInt();

        dev=a/b;
        rest=a%b;
System.out.println("Division entiere: " +dev) ;
System.out.println("Reste de devision: " +rest) ;
System.out.println("Quotient rationnel: " +(float)a/b);
}             }
```

Exercice 1.5

Quels résultats fournit ce programme ?

```
public class Excep
{ public static void main (String args[])
{ double x1 = 1e200, x2 = 1e210 ;
double y, z ;
y = x1*x2 ;
System.out.println ("valeur de y " + y) ;
x2 = x1 ;
z = y/(x2-x1) ;
System.out.println (y + " divise par " + (x2-x1) + " = " + z) ;
y = 15 ;
z = y/(x2-x1) ;
System.out.println (y + " divise par " + (x2-x1) + " = " + z) ;
z = (x2-x1)/(x2-x1) ;
System.out.println ((x2-x1) + " divise par " + (x2-x1) + " = " + z) ;
System.out.println (z + "+1 = " + (z+1)) ;
x1 = Float.POSITIVE_INFINITY ;
x2 = Double.NEGATIVE_INFINITY ;
z = x1/x2 ;
System.out.println (x1 + "/" + x2 + " = " + z) ;
}
}
```

Solution :

```
Infinity divise par 0.0 = Infinity
15.0 divise par 0.0 = Infinity
0.0 divise par 0.0 = NaN
NaN+1 = NaN
Infinity/-Infinity = NaN
```

Rappelons qu'en Java aucune opération sur les flottants ne conduit à un arrêt de l'exécution.
En revanche, les nombres flottants respectent les conventions IEEE 754 qui imposent l'existence d'un motif particulier représentant les valeurs infinies, lequel s'imprime sous la forme *Infinity* ou *-Infinity*. Les constantes correspondantes se notent *Float.Infinity* ou *Double.Infinity*.
De même, il existe un motif particulier représentant une valeur non calculable ; il peut s'obtenir par *Float.NaN* ou *Double.NaN* et il s'imprime sous la forme *NaN*.

Exercice 1.6 (operateurs logique)

Quels résultats fournit ce programme ?

```
public class CourCir
{ public static void main (String args[])
{ int i=10, j=5 ;
if (i<5 && j++<10)
System.out.println ("&&1 vrai") ;
else
System.out.println ("&&1 faux") ;
System.out.println ("i = " + i + " j = " + j) ;
if (i<5 & j++<10)
System.out.println ("& vrai") ;
else
System.out.println ("& faux") ;
System.out.println ("i = " + i + " j = " + j) ;
if (i<15 && j++<10)
System.out.println ("&&2 vrai") ;
else
System.out.println ("&&2 faux") ;
System.out.println ("i = " + i + " j = " + j) ;
if (i<15 || j++<10)
System.out.println ("|| vrai") ;
else
System.out.println ("|| faux") ;
System.out.println ("i = " + i + " j = " + j) ;
}
}
```

Solution :

&&1 faux
i = 10 j = 5
& faux
i = 10 j = 6
&&2 vrai
i = 10 j = 7
|| vrai
i = 10 j = 7

Il faut simplement tenir compte de la proprité particulière dont bénéficient les opérateurs && et || dits à court-circuit. Ils n'évaluent leur second opérande que lorsque cela est nécessaire.

Exercice 1.7 (Opérateurs d'incrémentation, de décrémentation et d'affectation élargie)

Quels résultats fournit ce programme ?

```
public class OpIncr
```

```
{ public static void main(String[] args)
{ int i, j, n ;
i = 0 ; n = i++ ;
System.out.println ("A : i = " + i + " n = " + n ) ;
i = 10 ; n = ++ i ;
System.out.println ("B : i = " + i + " n = " + n ) ;
i = 20 ; j = 5 ; n = i++ * ++ j ;
System.out.println ("C : i = " + i + " j = " + j + " n = " + n ) ;
i = 15 ; n = i += 3 ;
System.out.println ("D : i = " + i + " n = " + n) ;
i = 3 ; j = 5 ; n = i *= --j ;
System.out.println ("E : i = " + i + " j = " + j + " n = " + n) ;
}
}
```

Solution :

```
A : i = 1 n = 0
B : i = 11 n = 11
C : i = 21 j = 6 n = 120
D : i = 18 n = 18
E : i = 12 j = 4 n = 12
```

II. Les boucles

Exercice 2.1

Ecrire un programme permettant de résoudre une équation du second degré : **ax^2 + bx + c =0**, avec a,b et c des réels donnés par l'utilisateur.

Solution :

```
package tps;
import java.util.*;
public class Equation {
            public static void main(String[] args) {
                        float a,b,c;
                        Scanner sc = new Scanner(System.in);

System.out.print("Entrez la valeur de a:");
                        a=sc.nextFloat();

       System.out.print("Entrez la valeur de b:");
                        b=sc.nextFloat();

       System.out.print("Entrez la valeur de c:");
                       c=sc.nextFloat();

       System.out.print("Voici votre équation saisié :");
       System.out.println(a+"x²"+b+"x"+c);

                        if(a==0){
                                   if(b==0){
                                               if(c==0){
System.out.println("La soltuion est l'ensemble R"); }
                                               else
       System.out.println("La solution est l'ensemble vide");}
                                   else
       System.out.println("La solution est:"+(-c/b));}
                        else {
                                   float d;
                                   d=(b*b)-4*a*c;
                                   if(d>0) {

System.out.println("Solution 1 :"+(-b-Math.sqrt(d))/(2*a));
       System.out.println("Solution 2:"+(-b+Math.sqrt(d))/(2*a));}
                                   Else

System.out.print("la solution est un nombre complexe"); }}}
```

Exercice 2.2

Soit le programme suivant :

```
public class exo2_2
{ public static void main(String[] args)
{ int i, n, som ;
som = 0 ;
for (i=0 ; i<4 ; i++){
System.out.println ("donnez un entier ") ;
Scanner sc = new Scanner(System.in);
n = sc.nextInt() ;
som += n ;
}
System.out.println ("Somme : " + som) ;
}
}
```

Écrire un programme réalisant la même chose en employant à la place de l'instruction *for* :

1. une instruction *while*,
2. une instruction *do... while*.

Solution1 : Avec une instruction *while* :

```
package tps;
import java.util.*;
public class exo2_2a {
    public static void main(String[] args){
    int i, n, som ;
som = 0 ;
i = 0 ;
while (i<4)
{ System.out.println ("donnez un entier ") ;
Scanner sc = new Scanner(System.in);
n = sc.nextInt() ;
som += n ;
i++ ;
}
System.out.println ("Somme : " + som) ;}}
```

Solution2 : Avec une instruction *do... while* :

```
package tps;
import java.util.*;
public class exo2_2b
{ public static void main(String[] args){
int i, n, som ;som = 0 ;i = 0 ;
do{
System.out.println ("donnez un entier: ") ;
Scanner sc = new Scanner(System.in);
n = sc.nextInt() ;
```

```
som += n ;
i++ ;}
while (i<4) ;System.out.println ("Somme : " + som) ;}}
```

Exercice 2.3

Quels résultats fournit le programme suivant ?

```
public class exo2_3
{ public static void main(String[] args)
{ int n, p ;
n = 0 ;
while (n<=5) n++ ;
System.out.println ("A : n = " + n) ;
n = p = 0 ;
while (n<=8) n += p++ ;
System.out.println ("B : n = " + n) ;
n = p = 0 ;
while (n<=8) n += ++p ;
System.out.println ("C : n = " + n) ;
n = p = 0 ;
while (p<=5) n += p++ ;
System.out.println ("D : n = " + n) ;
n = p = 0 ;
while (p<=5) n+= ++p ;
System.out.println ("D : n = " + n) ;
}}
```

Solution :

A : n = 6
B : n = 10
C : n = 10
D : n = 15
D : n = 21

Exercice 2.4

Écrire un programme calculant la somme des *n* premiers termes de la "série harmonique", c'est-à-dire la somme :
1 + 1/2 + 1/3 + 1/4 + ... + 1/n
La valeur de *n* sera lue au clavier.

Solution :

```
package tps;
import java.util.*;
public class exo2_4
{ public static void main (String[] args)
{ int n ; // nombre de termes de la serie harmonique
float som ; // pour la somme de la serie
int i ;
do
{
```

```
System.out.print ("combien de termes : ") ;
Scanner sc = new Scanner(System.in);
n = sc.nextInt() ;
}
while (n<1) ;
for (i=1, som=0 ; i<=n ; i++)
som += (float)1/i ;
System.out.println ("Somme des " + n + " premiers termes = " +
som) ;
}
}
```

Exercice 2.5

Pour le programme suivant, indiquez : l'affichage produit par le programme.

```
package tps;
public class exo2_5 {
public static void main(String[] arg) {
 int j=0,k=0;
 do {
 if(j%2==1) {
 int u=j;
 while(u>0) {
 k=k+1;
 u=u/2;
 }
 } else {
 for(int v=-1;v<j;v++) {
 k=k+2;
 }
 }
 j=j+1;
 } while(j<5);
 System.out.println("k = "+k);
 }
 }
```

Solution :

k = 21

Exercice 2.6

Qu’affiche le programme suivant ?

```
package tps;
public class exo2_6 {
 public static void main(String[] arg) {
 int i=3,j=0,k=0;
 while(i>0) {
 if(j%3==0) {
 i=i+1;
 } else {
 i=i-1;
 }
 j=j+1;
 int u=-2;
 do {
 k=k+1;
 u=u+j/2+1;
 } while(u<2*i);
 System.out.println("k= "+k);
 } } }
```

Solution :

k= 10
k= 14
k= 17
k= 20
k= 22
k= 23
k= 25
k= 26
k= 27

Exercice 2.7

Écrire un programme qui affiche un triangle isocèle formé d’étoiles. La hauteur du triangle (c’est-à-dire son nombre de lignes) sera fourni en donnéea, comme dans l’exemple ci-dessous.

On s'arrangera pour que la dernière ligne du triangle s'affiche sur le bord gauche de l'écran.
combien de lignes ? 8

```
       *
      ***
     *****
    *******
   *********
  ***********
 *************
***************
```

Solution :

```
package tps;
import java.util.Scanner;
public class exo2_7 {

public static void main(String[] args) {
  final char car = '*' ;         /* caractère de remplissage */

int nl ;                                  /* compteur de ligne */
int nesp ;           /* nombre d'espaces précédant une étoile */
int j ;
System.out.println( "combien de lignes ? ") ;
Scanner sc = new Scanner(System.in);
 int nlignes = sc.nextInt();  /* nombre total de lignes */

for (nl=0 ; nl<nlignes ; nl++)
{
    nesp = nlignes - nl - 1 ;
for (j=0 ; j<nesp ; j++)
    System.out.print(' ') ;
for (j=0 ; j<2*nl+1 ; j++)
    System.out.print( car );
System.out.print( '\n') ;
}}}
```

Exercice 2.8

Ecrire un programme enjava qui lit 3 nombres au clavier (x, y, z), les classes dans l'ordre croissant et les affiche du plus petit au plus grand sur la console. Exemple de compilation :

```
1er nombre : 15
2ème nombre : 10
3ème nombre : 22
les nombres dans l'ordre croissant : 15 17 22
```

Solution :

```
package tps;
import java.util.*;
public class exo2_8 {

        public static void main(String[] args)
        {
            int  x=0,y=0,z=0;
```

```
            Scanner sc = new Scanner(System.in);
            System.out.println("Entrez le Nombre x : ");
            x=sc.nextInt();
            System.out.println("Entrez le Nombre y : ");
            y = sc.nextInt();
            System.out.println("Entrez le Nombre z : ");
            z = sc.nextInt();
            //System.out.println("Entrez y du point : ");
            // x>y>z
            if(x>y && x>z && y>z)
                System.out.println("L'ordre est le suivant du plus petit au plus
grand  : "+z+" "+y+" "+x);
            // y>x>z
            if (y > z && y > x && x > z)
System.out.println("L'ordre est le suivant du plus petit au plus grand  : " + z + " " + x + " " + y);
            // z>x>y
            if (z > x && x > y && z > y)
System.out.println("L'ordre est le suivant du plus petit au plus grand  : " + y + " " + x + " " + z);
            // z>y>x
            if (z > x && y > x && z > y)
System.out.println("L'ordre est le suivant du plus petit au plus grand  : " + x + " " + y + " " + z);
            // y>z>x
            if (y > x && y > z && z > x)
System.out.println("L'ordu plus petit au plus grand  : " + x + " " + z + " " + y);
            // x>z>y
            if (x > z && z > y && x > z)
System.out.println("L'ordre du plus petit au plus grand  : " + y + " " + z + " " + x);      }
}
```

III. Les méthodes

Exercice 3.1

Donner l'affichage produit par le programme suivant :

```
package tps;
public class exo3_1 {
public static void fct1(int x) {
 x+=2;
 }
 public static void fct2(int x) {
 x=5;
 }
 public static void main(String[] args) {
 int x=26;
 fct1(x);
 System.out.println(x);
 x=12;
 fct2(x);
 System.out.println(x);
 }
 }
```

Solution :

26

12

Exercice 3.2 :

Donner l'affichage produit par le programme suivant :

```
package tps;
public class exo3_2 {
 public static int calcul(int a,int b) {
 return a-b; }
 public static int f(int c,int d) {
 return calcul(d,d*c); }
 public static void main(String[] args) {
 System.out.println(calcul(10,5));
 System.out.println(f(7,3));
 int a=3,b=8;
 System.out.println(calcul(b,a));
System.out.println (f (b,a));
 int c=15,d=4;
 System.out.println(f(d,c));
```

```
 } }
```

Solution :

5
-18
5
-21
-45

Exercice 3.3 :

Donner l'affichage produit par le programme suivant :

```
package tps;
public class exo3_3 {
 public static double f1(double x) {
 return x*x+1;
 }
 public static double f2(double x) {
 if (x>0)
 return -x*x;
 else
 return 4*x;
 }
 public static double f3(double x) {
 return 2*f2(x*x);
 }
 public static void main(String args[]) {
 System.out.println(f1(f1(2)));
 System.out.println(f2(f2(3)));
 System.out.println(f2(f3(1)));
 } }
```

Solution :

26.0
-36.0
-8.0

Exercice 3.4 :

Ecrire une fonction de prototype **int puissance(int a, int b) qui calcule** a^b, **a et b** sont des entiers.

Solution :

```
package tps;
```

```
import java.util.*;
public class exo3_4 {
static double  puis (int a,int b)
{
 return Math.pow(a,b);
}
public static void main(String[] args) {
double p; //un objet da la classe puissance
int x,y;
Scanner sc = new Scanner(System.in); //sc objet de la classe
Scanner

System.out.println("Entrer x: ");
x=sc.nextInt();
System.out.println("Entrer y: ");
y=sc.nextInt();
p=puis(x,y);   //objet=class.methode()
System.out.println(x+ " puissnce " +y+ " est: "+ p);
}     }
```

==============deuxième méthode==================

```
package tps;
import java.util.*;
public class exo3_4a {
 static int Puissance(int x, int y) {
int p=1;
for(int i=1;i<=y; i++)
 p=x*p;
return(p); }
 public static void main(String[] args)   {
     //exo3_4a p=new exo3_4a();
 Scanner sc = new Scanner(System.in);
int a, b, res;
System.out.println(" Entrer a : ");
 a=sc.nextInt();
System.out.println(" Entrer b : ");
 b=sc.nextInt();
res = Puissance(a,b);
 System.out.println(a+ " a la Puissance " +b+ " = " +
res); } }
```

IV. Les classes et les objets

1.2.1 Objects and Classes

Objects

In object-oriented programming we create software objects that model real world objects. Software objects are modeled after real-world objects in that they too have state and behavior. A software object maintains its state in one or more *variables*. A variable is an item of data named by an *identifier*. A software object implements its behavior with *methods*. A method is a function associated with an object.

Definition: An object is a software bundle of variables and related methods.

An object is also known as an *instance*. An instance refers to a particular object. For e.g. Karuna's bicycle is an instance of a bicycle—It refers to a particular bicycle. Sandile Zuma is an instance of a Student.

The variables of an object are formally known as *instance variables* because they contain the state for a particular object or instance. In a running program, there may be many instances of an object. For e.g. there may be many `Student` objects. Each of these objects will have their own instance variables and each object may have different values stored in their instance variables. For e.g. each Student object will have a different number stored in its `StudentNumber` variable.

Encapsulation

Object diagrams show that an object's variables make up the center, or nucleus, of the object. Methods surround and hide the object's nucleus from other objects in the program. Packaging an object's variables within the protective custody of its methods is called *encapsulation*.

[4]This discussion is based on the "Object-oriented Programming Concepts" section of the Java Tutorial by Sun MicroSystems.

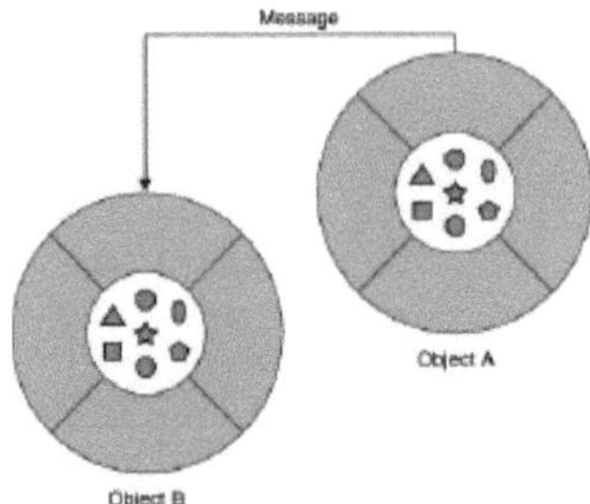

Figure 1.2: A Message

Encapsulating related variables and methods into a neat software bundle is a simple yet powerful idea that provides two benefits to software developers:

- *Modularity:* The source code for an object can be written and maintained independently of the source code for other objects. Also an object can be easily passed around in the system. You can give your bic cle to someone else, and it will still work.
- *Information-hiding:* An object has a public interface that other objects can use to communicate with it. The object can maintain private information and methods that can be changed at any time without affecting other objects that depend on it.

Messages

Software objects interact and communicate with each other by sending messages to each other. When object A wants object B to perform one of B's methods object A sends a message to object B

There are *three* parts of a message: The three parts for the message `System.out.println{''Hello orld''};` are:

- The *object* to which the message is addressed System.out
- The *name* of the method to perform println
- Any *parameters* needed by the method ("Hello World!")

Classes

In object-oriented software, it's possible to have many objects of the same kind that share characteristics: rectangles, employee records, video clips, and so on. A class is a software b ueprint for objects. A class is used to manufacture or create objects.

The class declares the instance variables necessary to con ain the state of every object. The class would also declare and provide implementations for the instance methods necessary to operate on the state of the object.

> *Definition: A class is a blueprint that defines the variables and the methods common to all objects of a certain kind.*

After you've created the class, you can create any number of objects from that class.

A class is a kind of factory for constructing objects. The non-static parts of the class specify, or describe, what variables and methods the objects will contain. This is part of the explanation of how objects differ from classes: Objects are created and destroyed as the program runs, and there can be many objects with the same structure, if they are created using the same class.

Exercice 4.1

Ecrire un programme qui afficher dans la class Point les coordonner x et y avant et après de deplacer(x=x+dx et y=y+dy).

Solution :

```
import java.util.*;
public class Point {
 int x ; // un membre
int y ; // un autre membre
Scanner sc = new Scanner(System.in);
void initialise(int a, int b) {
x = a;
y = b;
}
void deplace(int dx, int dy) {
x += dx;
y += dy;
System.out.println("x= : " +x);
System.out.println("y= : " +y);
}
void affiche() {
    System.out.println("Entrez le Nombre x : ");
     x=sc.nextInt();
    System.out.println("Entrez le Nombre y : ");
       y=sc.nextInt();
System.out.println("======x et y==========");
System.out.println("x= : " +x);
System.out.println("y= : " +y); }
public static void main(String[] args){
Point a =new Point();
a.affiche();
System.out.println("==apres deplace(x,y)===");
a.deplace( 3, 4); }}
```

Exercice 4.2

Réaliser une classe *Point* permettant de représenter un point sur un axe. Chaque point sera caractérisé par un nom (de type *char*) et une abscisse (de type *double*). On prévoira :

• un constructeur recevant en arguments le nom et l'abscisse d'un point,

• une méthode *affiche* imprimant (en fenêtre console) le nom du point et son abscisse,

• une méthode *translate* effectuant une translation définie par la valeur de son argument.

Écrire un petit programme utilisant cette classe pour créer un point, en afficher les caractéristiques, le déplacer et en afficher à nouveau les caractéristiques.

Solution :

```
package tps;

class Point {
 // class Point ne doit pas déclarer public. si non
déplacer le dans un fichier Point.java
  public Point (char c, double x) // constructeur
{ nom = c ;
abs = x ;
}
public void affiche ()
{ System.out.println ("Point de nom " + nom + " d'abscisse
" + abs) ;
}
public void translate (double dx)
{ abs += dx ;
}
private char nom ; // nom du point
private double abs ; // abscisse du point
}
public class TstPtAxe {
public static void main (String args[]){
    Point a = new Point ('C', 2.5) ;
a.affiche() ;  // Point de nom C d'abscisse 2.5
Point b = new Point ('D', 5.25) ;
b.affiche() ;     //Point de nom D d'abscisse 5.25
b.translate(2.25) ;
b.affiche() ;//Point de nom D d'abscisse 7.5
```

```
}  }
```

Exercice 4.3

Ecrire la classe Point qui d'écrit un point géométrique dans le cadre d'un programme de dessin. Onse limitera aux dessins sur un plan. Ecrivez un constructeur, les méthodes d'accès et au moins deux autres méthodes dont la méthode toString() ;

Solution

```
public class Point {
private int x, y;
public Point(int x, int y) {
this.x = x;
this.y = y;
}
public int getX() {
return x;
}
public void setX(int x) {
this.x = x;
}

public int getY() {
return y;
}
public void setY(int y) {
this.y = y;
}
public void decale(int dx, int dy){
x+=dx;
y+=dy;
}
public boolean estEgaleA(Point p) {
return x == p.x && y == p.y;
}
public boolean estAGaucheDe(Point p){
return x<p.x;
}
public String toString() {
return "Point{" + "x=" + x + "y=" + y + '}';
}
}
```

Exercice 4.4

Ecrire la classe **Polygone** utilisant la classe Point définie dans Exercice 4.1 ci-dessus. Ecrivez, ici aussi, un constructeur, les méthodes d'accés et au moins deux autres méthodes dont la méthode toString() ;

Solution

```
public class Polygone {
private Point mesPoints[];
private int nbPoints=0;
public Polygone() {
mesPoints= new Point[100];
}
public Point[] getMesPoints() {
return mesPoints;
}
public void setMesPoints(Point[] mesPoints) {
this.mesPoints = mesPoints;
}
public int getNbPoints() {
return nbPoints;
}
public void setNbPoints(int nbPoints) {
this.nbPoints = nbPoints;
}
public boolean addPoint(Point p){
if(nbPoints==100) return false;
mesPoints[nbPoints]=p;

return true;
}
public String toString() {
String s="Polygone{\n";
for(int i=0; i<nbPoints; i++){
s+=mesPoints[i]+"\n";
}
s+="}\n";
return s;
}
}
```

Exercice 4.5

Soit le diagramme de classes d'UML suivant :

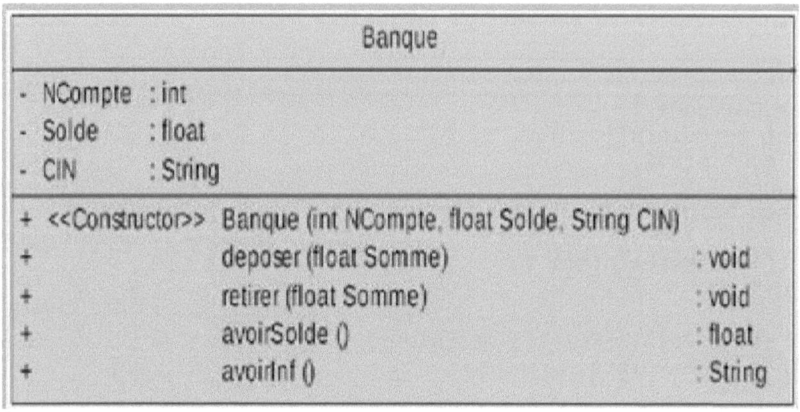

Banque		
- NCompte : int - Solde : float - CIN : String		
+ <<Constructor>>	Banque (int NCompte, float Solde, String CIN)	
+	deposer (float Somme)	: void
+	retirer (float Somme)	: void
+	avoirSolde ()	: float
+	avoirInf ()	: String

1. Ecrire le programme "Banque.java" permettant d'implémenter la classe "Banque"
2. Ecrire un programme "test.java" pour :
   - Créer un compte : 1, 5000.75, "AB 1200"
   - Afficher les informations de ce compte
   - Afficher son solde
   - Déposer 500
   - Afficher les informations de ce compte
   - Afficher son solde
   - Retirer 200
   - Afficher les informations de ce compte
   - Afficher son solde
3. Refaire la question précédente de telle sorte que les informations du compte seront passées en argument

Solution :

```
public class banque {
            private int NCompte;
            private float Solde;
            private String CIN;
public banque(int NCompte,float Solde,String CIN){
            this.NCompte=NCompte;
            this.Solde=Solde;
            this.CIN=CIN;}
public int getn(){
            return NCompte;}
public void deposer(float Somme){
            Solde=Solde+Somme;}
public void retirer(float Somme){
            if(Solde<Somme)
                         System.out.println("SOLDE INSUFFISANT");
```

```
            else
            Solde=Solde-Somme;}
public float avoirSolde(){
            return Solde;}
public String avoirInf(){
            return("N° carte:"+CIN+ "\nsolde:"+Solde +
"NCompte"+NCompte);}}
public class test {
            public static void main(String[] args) {
                        banque b = new banque(1,5000,"AB1200");
                        System.out.println(b.avoirInf());
                        System.out.println(b.avoirSolde());
                        b.deposer(500);
                        System.out.println(b.avoirInf());
                        System.out.println(b.avoirSolde());
                        b.retirer(7000);
                        System.out.println(b.avoirInf());
                        System.out.println(b.avoirSolde());}}
```

V. Les Tableaux

Exercice 5.1

Ecrire un programme qu'initialise un tableau de 100 entiers multiples de 4 et l'affiche à l'écran 10nombres par ligne

Solution :

```
public class Tab4 {
public static void main(String[] args) {
int tab4[] = new int[100];
int j = 0;
for (int i = 0; i < 100; i++) {
tab4[i] = j;
j += 4;
}
for (int i = 0; i < 100; i++) {
System.out.print(tab4[i] + " ");
if((i+1)%10==0)
System.out.println();
}
}
}
```

Exercice 5.2

En mathématiques, le triangle de Pascal, est un arrangement géométrique des coefficients binomiaux dans un triangle.
À la ligne i et à la colonne j (0 <= j <= i) est placé le coefficient binomial.

Le triangle de Pascal est compos´e de M + 1 lignes cons´ecutives donnant toutes les valeurs des C^p_n
pour n variant de 0 `a M et p variant de 0 à n. On rappelle que :

$$C_n^p = \frac{n!}{p!(n-p)!}$$

1			
1	1		
1	2	1	
1	3	3	1

```
1    4    6    4    1
1    5    10   10   5    1
1    6    15   20   15   6    1
```

Le but de ce programme est d'écrire un programme qui demande à l'utilisateur de saisir un entier naturel n, non nul. Puis le programme affiche les n premières lignes du triangle de Pascal. Exemple : l'affichage ci-dessus correspond à n = 7.

Solution

```
// Construction triangle de Pascal et affichage.

public class Triangle_Pascal
{
  public static int[][] construireTriangle(int n) {
    int[][] trianglePascal = new int[n + 1][];
    // La première ligne pour initialiser le processus
    trianglePascal[0] = new int[]{1};
    int[] lignePrecedente = trianglePascal[0];
    // Construction des lignes
    for (int i = 1; i < n + 1; i++) {
      // ligne numéro i
      int[] ligne = new int[i + 1];
      // Valeurs aux 2 bouts
      ligne[0] = 1;
      ligne[i] = 1;
      // autres valeurs (rien pour la 2ème ligne car i = 1)
      for (int col = 1; col < i; col++) {
        ligne[col] = lignePrecedente[col - 1] +
lignePrecedente[col];
      }
      // Raccroche la ligne au triangle
      trianglePascal[i] = ligne;
      // Pour la boucle suivante
      lignePrecedente = ligne;
    }
    return trianglePascal;
  }
  public static void afficherTriangle(int[][] tableau) {
    for (int ligne = 0; ligne < tableau.length; ligne++) {
     for (int colonne = 0;  colonne < tableau[ligne].length;
colonne++) {
        System.out.printf("%5d", tableau[ligne][colonne]);
      }
    System.out.println();
```

```
    }
  }
  public static void main(String[] args) {
    afficherTriangle(construireTriangle(9));
  }
}
```

Exercice 5.3

Etant donné un tableau de 10 entiers (compris entre 0 et 10) choisis de manière aléatoire. Ecrire un programme Java permettant le plus grand et le plus petit élément du tableau, et pour chaque élément afficher la position.

Solution

```
import java.util.*;
public class maxmin {
            public static void main(String[] args) {
                        int t[]=new int[10];
             for(int i=0;i<10;i++){
                         t[i]=(int) (10*Math.random()+0);}
             for(int i=0;i<10;i++){
                         System.out.print(" "+t[i]+" "); }
             int max=t[0],  min=t[0], pos=t[0], p=t[0];
                               for(int i=0;i<10;i++){
                         if(t[i]>max){
                                    max=t[i];
                                    pos=i;}
                         if(t[i]<min){
                                    min=t[i];
                                    p=i;}}
             System.out.println("\nle maximim est :"+max+" il est
dans la position:"+pos);
             System.out.println("le minimum est :"+min+" il est dans
la position:"+p);}}
```

Exercice 5.4

Créer un tableau d'entier. Insérer un élément dans un tableau. La position d'insertion est donné par l'utilisateur (au début, à la fin et au milieu)

Solution :

```
public class Insertion {
            public static void main(String[] args) {
                                              Scanner sc=new
Scanner(System.in);
                                              int t[] = new
int[10],pos,x;
                                              for(int i=0;i<10;i++)
                                              t[i]= (int)
(11*Math.random()+11);
                                                for(int i=0;i<10;i+
+)
                                              System.out.print("
"+t[i]+" ");
                                              System.out.print("\
nEntrez l'élement à inserer : ") ;
                                        x=sc.nextInt() ;
                                        System.out.print("\nEntrez
sa position: ") ;
                                        pos=sc.nextInt();
                                       if(pos<0 || pos>10)
                                       System.out.print("\nla
position donnée est hors tableau! ");
                                       else {
                                      for(int i=10;i>pos+1;i--)
                                         t[i]=t[i-1];
                                         t[pos]=x; }
                                       for(int i=0;i<11;i++)
                                               System.out.print("
"+t[i]+" ");}}
```

Exercice 5.5 :

Ecrire un programme, mais cette fois ci pour supprimer un élément d'un tableau de String à partir de son indice. Distinguer le cas ou l'indice n'existe pas dans le tableau

Solution :

```
import java.util.*;
public class suppression {
            public static void main(String[] args) {
                        Scanner sc=new Scanner(System.in);
                        int t[] = new int[10],pos=0;
```

```
                        int trouve=1;
                        for(int i=0;i<10;i++)
                        t[i]= (int) (11*Math.random()+11);
                          for(int i=0;i<10;i++)
        System.out.print(" "+t[i]+" ");
        System.out.println("\nEntrez l'entier que vous voulez
supprimer:");
        int x=sc.nextInt();

        for(int i=0;i<10;i++){
            if(t[i]==x)
                         pos=i;
            else trouve=0; }
        if(trouve==0)
            System.out.println("L'élément recherché est
supprimé !");
             System.out.println(" voici le nouveau tableau : ");

        for(int i=pos;i<9;i++)
            t[i]=t[i+1];
        for(int i=0;i<9;i++)
            System.out.print(" "+t[i]+" ");        }}
```

Exercice 5.6 :

Quels résultats fournit le programme suivant ?

```
public class Matrice
{ public static void main (String args[])
{ int [] [] t = new int [3][] ;
for (int i=0 ; i<3 ; i++)
{ t[i] = new int [i+1] ;
for (int j=0 ; j<t[i].length ; j++)
t[i][j] = i+j ;
}
for (int i=0 ; i<3 ; i++)
{ System.out.print ("tableau numero " + i + " = ") ;
for (int j=0 ; j<t[i].length ; j++)
System.out.print (t[i][j] + " ") ;
System.out.println () ;
}}}
```

Solution :

Pour chaque valeur de *i* :

• l’instruction :

t[i] = new int [i+1] ;

crée un tableau d'entiers de taille *i+1* et en place la référence dans *t[i]*.

• l'instruction :

```
t[i][j] = i+j ;
```

place des valeurs dans chacun des *i+1* éléments de ce tableau.

D'où les résultats :

```
tableau numero 0 = 0
tableau numero 1 = 1 2
tableau numero 2 = 2 3 4
```

VI. L'Héritage et le Polymorphisme

Exercice 6.1 :

a) On a la classe suivante :

```
public class A extends B{
  ....
}
```

Cela signifie que (une seule réponse) :

- o A a un B
- o A est relie a un B
- o A dépends de B
- o A exclue un B
- o A précède un B
- o A est un B

b) Pour appeler un constructeur de la classe de base a partir de la classe dérivée on utilise le mot clé

- O static
- O this
- O extends
- O super
- O implements
- O Aucune des réponses ci-dessus n'est valable

c) La classe B est une classe dérivée de A et la classe C est dérivée de B. Nous avons :

```
A a= new A();
B b = new B();
C c = new C();
if(c instanceof A)
System.out.println("Le test est vrai");
else
System.out.println("Le test est faux");
```

imprime :

- O Le test est vrai
- O Le test est faux
- O Donne une exception

Exercice 6.2 :

Le directeur des systèmes d'information de la société COLAPS souhaite développer un module pour la gestion des utilisateurs de son service, pour cela il vous a fait appel pour réaliser cette tâche.
Le diagramme de classe a été établi par un analyste afin de mettre en place une base de données sous ORACLE ou MySQL :

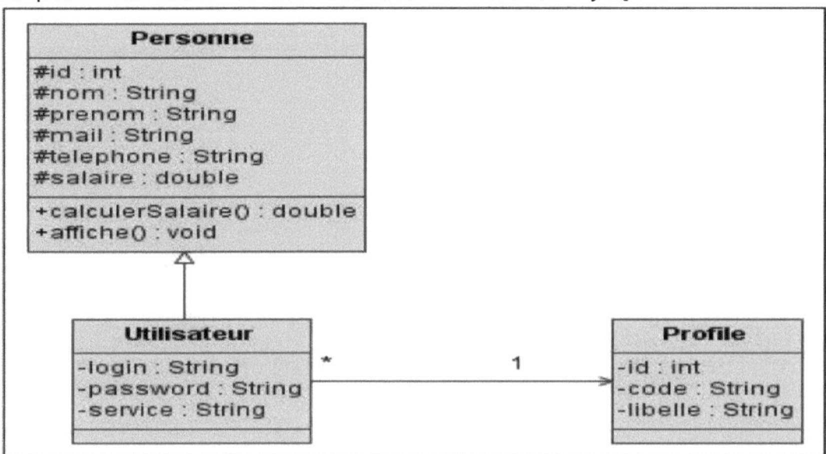

Figure 1 : Diagramme de classe

1. Développer les classes ci-dessus en JAVA dans un package de votre choix.
NB : l'identifiant est auto incrément.
2. Redéfinir la méthode **calculerSalaire ()**et la méthode **affiche()**dans la classe **Utilisateur**.
Sachant que :
- Le manager aura une augmentation de 10% par rapport à son salaire normal,
- Le directeur général aura une augmentation de 40% par rapport à son salaire normal.

3. Créer les profiles :
- Chef de projet (CP),
- Manager (MN),
- Directeur de projet (DP),
- Directeur des ressources humaines (DRH),
- Directeur général (DG),

4. Créer des utilisateurs avec les différents profils métiers.
5. Afficher la liste des MN, DP et DRH.

Correction :

L'arborescence du projet :

```
TPs
  Source Packages
    Heritage
      Personne.java
      Profile.java
      Test.java
      Utilisateur.java
```

La classe Profile :

```
package Heritage;
public class Profile {
  private int id;
private String code;
private String libelle;
private static int comp;
public Profile(String code, String libelle) {
comp++;
this.id = comp;
this.code = code;
this.libelle = libelle;
}
public Profile(){
comp++;
this.id = comp;}
public String getCode() {
return code;}
public void setCode(String code) {
this.code = code;}
public String getLibelle() {
return libelle;}
public void setLibelle(String libelle) {
this.libelle = libelle;}}
```

La classe Personne :

```
package Heritage;

public class Personne {
   protected int id;
protected String nom;
protected String prenom;
protected String email;
protected String telephone;
protected double salaire;
private static int comp;
public Personne(String nom, String prenom, String email, String telephone, double salaire) {
comp++;
this.id = comp;
this.nom = nom;
this.prenom = prenom;
this.email = email;
this.telephone = telephone;
this.salaire = salaire;
}
public Personne(){
comp++;
this.id = comp;
}
public double calculerSalaire(){
return this.salaire;
}
public void afficher(){
System.out.print(this.nom+" "+this.prenom+" "+this.telephone);
}
}
```

La classe Utilisateur :

```
package Heritage;
public class Utilisateur extends Personne {
private String login;
private String password;
private String service;
private Profile profile;
public Utilisateur(String nom, String prenom, String email,String telephone, double salaire, String login, String password,String service, Profile profile) {
```

```
super(nom, prenom, email, telephone, salaire);
this.login = login;
this.password = password;
this.service = service;
this.profile = profile;}
public Profile getProfile() {
return profile;}
public void setProfile(Profile profile) {
this.profile = profile;}
public double calculerSalaire(){
if(this.profile.getCode().equals("MN")) return this.salaire + 0.1 *
this.salaire;
if(this.profile.getCode().equals("DG")) return this.salaire + 0.4 *
this.salaire;
return this.salaire;}
public void afficher(){
super.afficher();
System.out.println("            "+profile.getLibelle()+"            "+
calculerSalaire());}}
```

La classe Test :

```
package Heritage;
public class Test {
 public static void main(String[] args) {
Profile profile[] = new Profile[5];
profile[0] = new Profile("CP","Chef de projet");
profile[1] = new Profile("DP","Directeur de projet");
profile[2] = new Profile("MN","Manager");
profile[3] = new Profile("DRH","Directeur de ressources humaine");
profile[4] = new Profile("DG","Directeur general");
Utilisateur user[] = new Utilisateur[5];
user[0] = new Utilisateur("SMI", "Mohamed", "md@gmail.cm","1234",
1200.00,"alaoui", "12354", "Sevice des ressources humaines",
profile[3] );
user[1] = new Utilisateur("IGE", "Maoun", "do@gmail.cm", "1234",
1200.00, "dourid", "12354", "Sevice des ressources humaines",
profile[2] );
user[2] = new Utilisateur("GL", "Youri", "y@gmail.cm", "1234",
1200.00, "lachgar", "12354", "Manager", profile[1] );
user[3] = new Utilisateur("LAOUD", "Karima", "l@gmail.cm", "1234",
1300.00, "laoud", "12354", "manager", profile[2] );
user[4] = new Utilisateur("SMI", "Emad", "md@gmail.cm", "1234",
1200.00, "alaoui", "12354", "Sevice des ressources humaines",
profile[3] );
for (Utilisateur p : user){
```

```
if(p.getProfile().getCode().equals("MN"))p.afficher();
if(p.getProfile().getCode().equals("DP"))p.afficher();
if(p.getProfile().getCode().equals("DRH"))p.afficher();
} }   }
```

Exercice 6.3 : Dérivations successives et redéfinition

Quels résultats fournit le programme suivant ?

```
class A {
public void affiche() {
System.out.println ("Je suis un A") ;
} }

class B extends A { }
class C extends A {
public void affiche() {
System.out.println ("Je suis un C") ;
} }

class D extends C {
public void affiche() {
System.out.println ("Je suis un D") ;
} }

class E extends B {}
class F extends C {}

public class DiagHeri {
public static void main (String arg[]) {
A a = new A() ;    a.affiche() ;
B b = new B() ;    b.affiche() ;
C c = new C() ;    c.affiche() ;
D d = new D() ;   d.affiche() ;
E e = new E() ;    e.affiche() ;
F f = new F() ;     f.affiche() ;
}}
```

Solution:

Le programme fournit ces résultats :
Je suis un A
Je suis un A
Je suis un C
Je suis un D
Je suis un A
Je suis un C

Exercice 6.4 : Polymorphisme et surdéfinition

Quels résultats fournit le programme suivant ?

```
class A {
 public void f(double x) {
System.out.print ("A.f(double=" + x +") ") ; }}
class B extends A {}
class C extends A {
 public void f(long q) {
System.out.print ("C.f(long=" + q + ") ") ; }                }
class D extends C {
public void f(int n) {
System.out.print ("D.f(int=" + n + ") ") ; }                  }
class F extends C {
 public void f(float x) {
System.out.print ("F.f(float=" + x + ") ") ; }
public void f(int n) {
System.out.print ("F.f(int=" + n + ") ") ; }                   }
public class PolySur {
public static void main (String arg[]) {
 byte bb=1 ; short p=2 ; int n=3 ; long q=4 ;
float x=5.f ; double y=6. ;
System.out.println ("** A ** ") ;
A a = new A() ; a.f(bb) ; a.f(x) ;
System.out.println() ;
System.out.println ("** B ** ") ;
B b = new B() ; b.f(bb) ; b.f(x) ;
System.out.println() ;
a = b ; a.f(bb) ; a.f(x) ;
System.out.println() ;
System.out.println ("** C ** ") ;
C c = new C() ; c.f(bb) ; c.f(q) ; c.f(x) ;
 System.out.println() ;
a = c ; a.f(bb) ; a.f(q) ; a.f(x) ;
System.out.println() ;
System.out.println ("** D ** ") ;
D d = new D() ; d.f(bb) ; c.f(q) ; c.f(y) ;
System.out.println() ;
a = c ; a.f(bb) ; a.f(q) ; a.f(y) ;
System.out.println() ;
System.out.println ("** F ** ") ;
F f = new F() ; f.f(bb) ; f.f(n) ; f.f(x) ; f.f(y) ;
System.out.println() ;
a = f ; a.f(bb) ; a.f(n) ; a.f(x) ; a.f(y) ;
System.out.println() ;
c = f ; c.f(bb) ; c.f(n) ; c.f(x) ; c.f(y) ; } }
```

Solution :

Ici, on combine :

• les possibilités qu'offre le polymorphisme de choisir une méthode suivant la nature de l'objet effectivement référencé,

• les possibilités de surdéfinition qui permettent de déterminer une méthode suivant le type de ses arguments.

Mais il faut bien voir que le choix d'une méthode surdéfinie est réalisé par le compilateur, alors que la ligature dynamique induite par le polymorphisme ne s'effectue qu'à l'exécution.

Plus précisément, lors d'un appel du type *o.f(...)*, la signature de la méthode *f* est définie à la compilation au vu de son appel, en utilisant le type de la variable *o* (et non le type de l'objet référencé, non encore connu) et en appliquant éventuellement les règles de choix d'une méthode surdéfinie. Ce choix ne peut alors se faire que dans la classe de *o* ou ses ascendantes (et en aucun cas dans ses descendantes éventuelles, comme le permettra la ligature dynamique).

Au moment de l'exécution, on cherchera parmi la classe de l'objet effectivement référencé par *o* (qui peut donc éventuellement être une classe descendante de celle de *o*), une méthode ayant la signature précédemment déterminée. Mais, on ne reviendra plus sur le choix de la meilleure méthode.

Par exemple, dans le troisième groupe d'instructions (** C **), les appels de la forme *c.f(...)* sont traités en considérant les méthodes *f* de *C* et de son ascendante *A*. En revanche, malgré l'affectation *a=c*, ceux de la forme *a.f(...)* sont traités en ne considérant que les méthodes *f* de *A*. Ainsi, l'appel *c.f(bb)* utilise *C.f(long)* tandis que l'appel *a.f(bb)* utilise *A.f(double)*.

Finalement, le programme fournit les résultats suivants :

```
** A **
A.f(double=1.0) A.f(double=5.0)
** B **
A.f(double=1.0) A.f(double=5.0)
A.f(double=1.0) A.f(double=5.0)
** C **
C.f(long=1) C.f(long=4) A.f(double=5.0)
A.f(double=1.0) A.f(double=4.0) A.f(double=5.0)
** D **
D.f(int=1) C.f(long=4) A.f(double=6.0)
A.f(double=1.0) A.f(double=4.0) A.f(double=6.0)
** F **
F.f(int=1) F.f(int=3) F.f(float=5.0) A.f(double=6.0)
A.f(double=1.0) A.f(double=3.0) A.f(double=5.0) A.f(double=6.0)
C.f(long=1) C.f(long=3) A.f(double=5.0) A.f(double=6.0)
```

Exercice 6.5: Gestion d'une bibliothèque

Pour la gestion d'une bibliothèque on nous demande d'écrire une application traitant des ***documents***de nature diverse : des ***livres***, qui peuvent être des ***romans***ou des ***manuels***, des ***revues***, des ***dictionnaires***, etc.

Tous les documents ont un numéro d'enregistrement (un entier) et un titre (une chaîne de caractères). Les livres ont, en plus, un auteur (une chaîne) et un nombre de pages (un entier). Les romans ont éventuellement un prix littéraire (un entier conventionnel, parmi : **GONCOURT**, **MEDICIS**, **INTERALLIE**, etc.), tandis que les manuels ont un niveau scolaire (un entier). Les revues ont un mois et une année (des entiers) et les dictionnaires ont une langue (une chaîne de caractères appartenant à un ensemble prédéfini, comme **"anglais"**, **"allemand"**, **"espagnol"**, etc.).

Tous les divers objets en question ici (*livres*, *revues*, *dictionnaires*, *romans*, etc.) doivent pouvoir êtremanipulées en tant que *documents*. Voici le diagramme de classes :

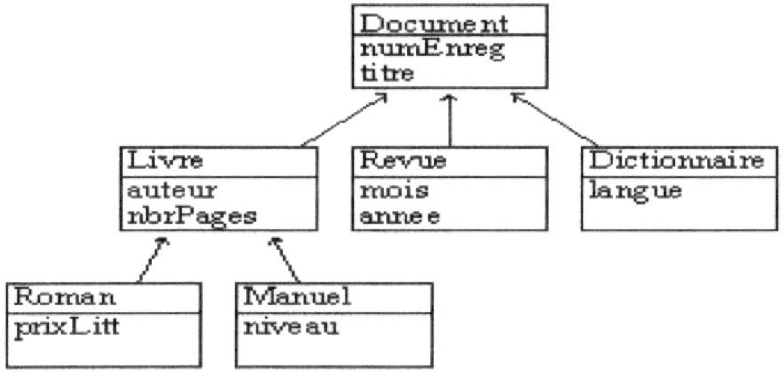

A) Définissez les classes **Document**, **Livre**, **Roman**, **Manuel**, **Revue** et **Dictionnaire**, entre lesquelles existeront les liens d'héritage que la description précédente suggère.
Dans chacune de ces classes définissez
   - le constructeur qui prend autant arguments qu'il y a de variables d'instance et qui se limite à initialiser ces dernières avec les valeurs des arguments,
   - une méthode **public String toString()** produisant une description sous forme de chaîne de caractères des objets,
   - si vous avez déclaré **private** les variables d'instance (c'est conseillé, sauf indication contraire) définissez également des « accesseurs » publics *get...* permettant de consulter les valeurs de ces variables.

Écrivez une classe exécutable **TestDocuments** qui crée et affiche plusieurs documents de types différents.

B) Une bibliothèque sera représentée par un *tableau de*.
Définissez une classe **Bibliotheque**, avec un tel tableau pour variable d'instance et les méthodes :

- **Bibliotheque(int capacité)** - constructeur qui crée une bibliothèque ayant la capacité (nombre maximum de documents) indiquée,
- **void afficherDocuments()** - affiche *tous* les ouvrages de la bibliothèque,
- **Document document(int i)** - renvoie le ième document,
- **boolean ajouter(Document doc)** - ajoute le document indiqué et renvoie **true** (**false** en cas d'échec),
- **boolean supprimer(Document doc)** - supprime le document indiqué et renvoie **true** (**false** en cas d'échec)
- **void afficherAuteurs()** - affiche la liste des auteurs de tous les ouvrages qui ont un auteur (au besoin, utilisez l'opérateur **instanceof**)

C) Définissez, avec un effort minimal, une classe **Livrotheque** dont les instances ont les mêmes fonctionnalités que les **Bibliotheques** mais sont *entièrement constituées de livres*.

Comment optimiser dans la classe **Livrotheque** la méthode **afficherAuteurs** ?

Solution:

Question A

Fichier *Document.java*

```
public class Document {
    private int numeroEnreg;
    private String titre;

    public Document(int numeroEnreg, String titre) {
        this.numeroEnreg = numeroEnreg;
        this.titre = titre;
    }

    public int numeroEnreg() {
        return numeroEnreg;
    }

    public String titre() {
        return titre;
    }

    public String toString() {
        return titre + " [N° " + numeroEnreg + "]";
    }
```

```
    public boolean equals(Object obj) {
        return obj instanceof Document
&& ((Document) obj).numeroEnreg == numeroEnreg;
    }
}
```

Fichier *Livre.java*

```
public class Livre extends Document {
    private String auteur;
    private int nbrPages;

    public Livre(int numeroEnreg, String titre, String auteur, int
nbrPages) {
        super(numeroEnreg, titre);
        this.auteur = auteur;
        this.nbrPages = nbrPages;
    }

    public String auteur() {
        return auteur;
    }

    public int nombrePages () {
        return nbrPages;
    }

    public String toString() {
        return super.toString() + " - " + auteur + "(" + nbrPages +
" pages)";
    }
}
```

Fichier *Roman.java*

```
public class Roman extends Livre {
    public static final int NEANT      = 0;
    public static final int NOBEL      = 1;
    public static final int GONCOURT   = 2;
    public static final int MEDICIS    = 3;
    public static final int INTERALLIE = 4;
    public static final int ACADEMIE   = 5;

    private int prix;

```

```
    public Roman(int numeroEnreg, String titre, String auteur, int
nbrPages,
            int prix) {
        super(numeroEnreg, titre, auteur, nbrPages);
        this.prix = prix;
    }

    public int prix() {
        return prix;
    }

    public String toString() {
        String res = super.toString();
        if (prix == GONCOURT)
            res += " - GONCOURT";
        if (prix == MEDICIS)
            res += " - MEDICIS";
        if (prix == INTERALLIE)
            res += " - INTERALLIE";
        if (prix == ACADEMIE)
            res += " - ACADEMIE FRANCAISE";
        return res;
    }
}
```

Fichier *Manuel.java*

```
public class Manuel extends Livre {
    private int niveau;

    public Manuel(int numeroEnreg, String titre, String auteur,
            int nombrePages, int niveau) {
        super(numeroEnreg, titre, auteur, nombrePages);
        this.niveau = niveau;
    }

    public int niveau() {
        return niveau;
    }

    public String toString() {
        return super.toString() + " - classe de " + niveau + "°";
    }
}
```

Fichier *Revue.java*

```
public class Revue extends Document {
    private int mois, annee;

    public Revue(int numeroEnreg, String titre, int mois, int annee)
{
        super(numeroEnreg, titre);
        this.mois = mois;
        this.annee = annee;
    }

    public int mois() {
        return mois;
    }
    public int annee() {
        return annee;
    }

    public String toString() {
        return super.toString() + " " + mois + "/" + annee ;     } }
```

Fichier *Dictionnaire.java*

```
public class Dictionnaire extends Document {
    public static final int FRANCAIS = 1;
    public static final int ANGLAIS  = 2;
    public static final int ALLEMAND = 3;
    public static final int ESPAGNOL = 4;
    public static final int RUSSE    = 5;

    public static final String[] langues = { null,
            "Français", "Anglais", "Allemand", "Espagnol",
"Russe" };

    private int langue;

    public Dictionnaire(int numeroEnreg, String titre, int langue) {
        super(numeroEnreg, titre);
        this.langue = langue;
    }

    public int langue() {
        return langue;
    }

    public String toString() {
        return super.toString() + " " + langues[langue];
    }
```

```
}
```

Fichier *TestDocuments.java*

```
public class TestDocuments {

    public static void main(String[] args) {
        Document unDocument = new Document(1001, "Les misérables");
        Document unLivre    = new Livre(1002, "Guerre et paix", "L.
Tolstoi", 2400);
        Document unRoman    = new Roman(1003, "Les raisins de la
colère", "J. Steinbeck", 650, Roman.NOBEL | Roman.ACADEMIE);
        Document unManuel   = new Manuel(1004, "Algebre", "E.
Galois", 120, 2);
        Document uneRevue   = new Revue(1005, "Informatique &
psychanalyse", 4, 2004);
        Document unDico     = new Dictionnaire(1006, "Caramba!",
Dictionnaire.ESPAGNOL);
        System.out.println("un document: " + unDocument);
        System.out.println("un livre:    " + unLivre);
        System.out.println("un roman:    " + unRoman);
        System.out.println("un manuel:   " + unManuel);
        System.out.println("une revue:   " + uneRevue);
        System.out.println("un dico:     " + unDico);     } }
```

Question B

Fichier *Bibliotheque.java*

```
public class Bibliotheque {
    protected Document[] docs;
    protected int capacite;
    protected int nombre;

    public Bibliotheque(int capacite) {
        this.capacite = capacite;
        docs = new Document[capacite];
        nombre = 0;
    }

    public void afficherDocuments() {
        for (int i = 0; i < nombre; i++)
            System.out.println(docs[i]);
    }

    public boolean ajouter(Document doc) {
```

```
        if (nombre < docs.length) {
            docs[nombre++] = doc;
            return true;
        }
        return false;
    }

    public Document document(int i) {
        return docs[i];
    }

    public void afficherAuteurs() {
        for (int i = 0; i < nombre; i++)
            if (docs[i] instanceof Livre)
                System.out.println(((Livre)docs[i]).auteur());
    }

    public boolean supprimer(Document doc) {
        for (int i = 0; i < nombre; i++) {
            if (docs[i].equals(doc)) {
                for (int j = i + 1; j < nombre; j++)
                    docs[j - 1] = docs[j];
                nombre--;
                return true;
            }
        }
        return false;
    }

    public static void main(String[] args) {
        Bibliotheque bib = new Bibliotheque(100);

        bib.ajouter(new Document(1001, "Les misérables"));
        bib.ajouter(new Livre(1002, "Guerre et paix", "L. Tolstoi",
2400));
         bib.ajouter(new Roman(1003, "Les raisins de la colère", "J.
Steinbeck", 650,Roman.NOBEL | Roman.ACADEMIE));
        bib.ajouter(new Manuel(1004, "Algebre", "E. Galois", 120,
2));
        bib.ajouter(new Revue(1005, "Informatique & psychanalyse",
4, 2004));
        bib.ajouter(new Dictionnaire(1006, "Caramba!",
Dictionnaire.ESPAGNOL));

        bib.afficherDocuments();
```

```
System.out.println("----------------------------------------------------
------------");
        bib.afficherAuteurs();

System.out.println("----------------------------------------------------
------------");

        bib.supprimer(new Roman(1003, "", "", 0, 0));
        bib.afficherDocuments();
    }
}
```

N.B. Faire que les méthodes ajouter et supprimer rendent un booléen pour informer du succès d'une opération qui, en principe, doit réussir, est une manière très simpliste de traiter le problème des siatuations anormales. En Java on préfère traiter cela par l'emploi des exceptions, que nous étudierons plus loin.

Question C

Fichier *Livrotheque.java*

```
public class Livrotheque extends Bibliotheque {

    public Livrotheque(int capacite) {
        super(capacite);
    }

    public boolean ajouter(Document doc) {
        if (doc instanceof Livre)
            return super.ajouter(doc);
        return false;
    }

    public Livre livre(int i) {
        return (Livre) docs[i];
    }

    public void afficherAuteurs() {
        for (int i = 0; i < nombre; i++)
            System.out.println(((Livre)docs[i]).auteur());
    }
}
```

1. L'écriture de cette classe nous oblige à revenir sur la classe Bibliotheque pour déclarer ainsi les membres privés (sinon, les accès à docs et à nombre sont trouvés illégaux) :

```
public class Bibliotheque {
    protected Document[] docs;
    protected int nombre;
    ...
```

2. Le rôle principal de la classe Livrotheque est de garantir que seuls des livres figurent dans le tableau docs sous-jacent. Il ne faut pas tomber dans le piège de croire qu'on assure cela en fournissant, au lieu de la méthode ajouter précédente, une méthode ainsi écrite

```
    public boolean ajouter(Livre doc) {
        return super.ajouter(doc);
    }
```

En effet, cette méthode n'ajoute que des livres, mais *elle n'est pas une redéfinition* de la méthode ajouter(Document doc) héritée, qui reste donc utilisable à côte de ajouter(Livre doc) (cela s'appelle la surcharge des noms des fonctions).

3. Comme on peut le voir, la méthode afficherAuteurs peut être redéfinie sous une forme plus efficace que dans la version héritée, puisqu'on a l'assurance que seuls des livres se trouvent dans le tableau docs.

Exercice 6.6 : Héritage et Interface

Soit le diagramme de classe suivant :

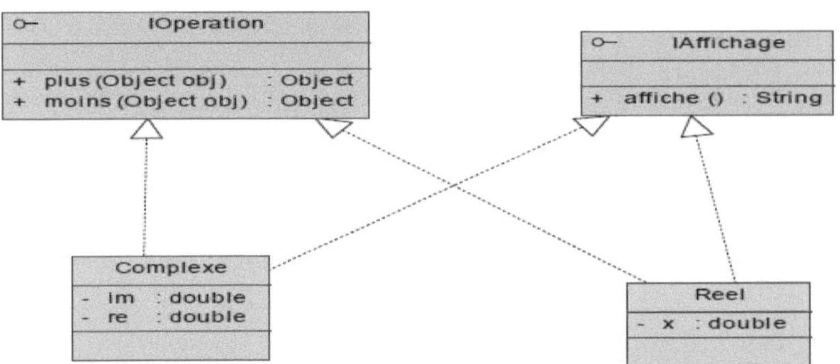

1. Créer l'interface **IOperation** et **IAffichage** dans le package «**Projet_I** ».
2. Créer les classes **Complexe** et **Reel** dans le package « **Projet_B** ».
3. Redéfinir les méthodes **moins(), plus()** et **affiche()** dans la classe **complexe** sachant que :
   - Un nombre complexe est un nombre qui comporte deux parties : une partie réelle et une partie imaginaire.
   - Un nombre complexe est généralement écrit sous la forme : **4+3i** (partie réelle = 4 et partie imaginaire = 3).
   - L'addition (la soustraction) de deux nombres complexes consiste à additionner (soustraire) les parties réelles de ces deux nombres pour obtenir la partie réelle du résultat et à additionner (soustraire) les deux parties imaginaires pour obtenir la partie imaginaire du résultat.
4. Surcharger les méthodes plus () et mois () dans la classe **Reel**. Nouvelle signature :
   - double plus (double…x)
   - double moins (double …x)

   Qui ce que vous remarquez ?
5. Créer un programme de test.

Solution :

```
//////////////////////////////////////////////
  //L'interface IOperation :

  package Projet_I;
  public interface IOperation {
  public Object plus (Object obj);
  public Object moins (Object obj);
  }
  //L'interface IAffichage :

  package Projet_I;
  public interface IAffichage {
  public String affiche ();
  }
  //La classe Complexe :

  package Projet_B;
  import Projet_I.IAffichage;
  import Projet_I.IOperation;
  public class Complexe implements IOperation,IAffichage{
  private double im ;
  private double re;
  public Complexe ( double re , double im){
  this.re=re;
  this.im=im;
  }
  public Object plus(Object c){
  Complexe com = (Complexe) c;
  return new Complexe (this.re + com.re, this.im + com.im);
  }
  public Object moins (Object c){
  Complexe com = (Complexe) c;
  return new Complexe (this.re - com.re, this.im - com.im);
  }
  public String affiche() {
  if(this.im > 0) return this.re +" + "+this.im+" i";
  else if(this.im < 0) return this.re +" "+this.im+" i";
  else return this.re+"";
  }
  }
  //La classe Reel :

  package Projet_B;
  import Projet_I.IAffichage;
```

```
import Projet_I.IOperation;
public class Reel implements IOperation,IAffichage{
private double x;
public Reel(double x){
this.x=x;
}
public Object moins(Object obj) {
Reel reel = (Reel) obj;
return new Reel(this.x - reel.x);
}
public Object plus(Object obj) {
Reel reel = (Reel) obj;
return new Reel(this.x - reel.x);
}
public double plus(double ... x) {
double som = this.x;
for(Double d : x)
som += d;
return som;
}
public double moins(double ... x) {
double s = this.x;
for(Double d : x)
s -= d;
return s;
}
public String affiche() {
return (x+"");}}
//La classe Test :
package Projet_B;
public class Test {
public static void main (String[] args){
Complexe c1 = new Complexe(2,2) ;Complexe c2 = new Complexe(-3,4) ;
Complexe c3, c4 ;
Reel r1=new Reel(3.4);Reel r2=new Reel(3.89);Reel r3;
c3 =(Complexe)(c1.plus(c2));c4=(Complexe)(c1.moins(c2));
System.out.println("c2 + c1 = " +c3.affiche());
System.out.println("c2 - c1 = " +c4.affiche());
r3=(Reel)(r1.plus(r2));
System.out.println("r1 + r2 = " +r3.affiche());r3 = new Reel(100);
System.out.println("{1} = "+r3.plus(1,3,4));
System.out.println("{2} = "+r3.plus(1,3,4,6,9));
System.out.println("{3} = "+r3.moins(22,3,4,6,9));
System.out.println("{4} = "+r3.moins(2,4,6,9));}}
```

VII. Programmation événementielle

- ***JFrame*** **: méthodes *setSize, setTitle, setBounds, setVisible***
- ***JButton*** **: ajout à une fenêtre (méthodes *getContentPane* et *add*)**
- ***Action Event*** **; méthodes *actionPerformed* et *getSource* ; notion de chaîne de commande ; méthode *getActionCommand***
- ***JPanel*** **: gestionnaire de mise en forme par défaut**
- **classe *Graphics* : forçage du dessin avec *repaint* ; tracé de lignes avec *drawLine...***

Exercice 7.1:Écouteurs de clics d'une fenêtre

Écrire un programme qui crée une fenêtre (de type *JFrame*) et qui détecte les événements "appui" et "relâchement" associés à la souris et ayant la fenêtre comme source. On se contentera de signaler chacun de ces deux événements en affichant en fenêtre console un message précisant sa nature (appui ou relâchement), ainsi que les coordonnées correspondantes.
On proposera deux solutions :
1. la fenêtre est son propre écouteur de souris et elle implémente l'interface *MouseListener*,
2. On utilise un écouteur différent de la fenêtre, objet d'une classe implémentant l'interface *MouseListener*,

Solution1 :

Un objet écouteur doit implémenter une interface donnée (ici *MouseListener*). On devra doncmentionner la clause *implements MouseListener* dans la définition de la classe *MaFenetre* etdéfinir de manière appropriée les méthodes qui nous intéressent. Ici, il s'agit de *mousePressed*(appui sur une touche quelconque) et de *mouseReleased* (relâchement). Notez bien que lesautres méthodes de l'interface *MouseListener* (*mouseClicked, mouseEntered* et *mouseExited*)doivent être présentes (nous leur prévoyons simplement un corps vide). Les coordonnées de lasouris sont obtenues à l'aide des méthodes *getX* et *getY* qu'on applique à l'objet de type*MouseEvent* reçu en argument de chacune des méthodes de l'écouteur.
Le programme se contente de créer un objet de type *MaFenetre* et de l'afficher en le rendantvisible par appel de sa méthode *setVisible*.

```
import javax.swing.* ; // pour JFrame
import java.awt.event.* ; // pour MouseEvent et MouseListener
class MaFenetre extends JFrame implements MouseListener
{ public MaFenetre () // constructeur
{ setTitle ("Gestion de clics") ;
setBounds (10, 20, 300, 200) ;
addMouseListener (this) ; // la fenetre sera son propre écouteur
// d'événements souris
}
```

```
public void mousePressed (MouseEvent ev)
{ System.out.println ("appui en " + ev.getX() + " " + ev.getY()) ;
}
public void mouseReleased(MouseEvent ev)
{ System.out.println ("relachement en " + ev.getX() + " " +
ev.getY()) ;
}
public void mouseClicked(MouseEvent ev) {}
public void mouseEntered (MouseEvent ev) {}
public void mouseExited (MouseEvent ev) {}
}
public class Clic1
{ public static void main (String args[])
{ MaFenetre fen = new MaFenetre() ;
fen.setVisible(true) ;}}
```

```
appui en 172 74
relachement en 172 74
appui en 166 126
relachement en 166 126
appui en 72 75
relachement en 239 131
appui en 49 85
relachement en -57 100
```

Solution2 :

Cette fois, il est nécessaire de définir une classe distincte de *MaFenetre* (ici *Ecout*) implémentantl'interface *MouseListener*. La définition des méthodes concernées peut cependant rester lamême que précédemment. Dans le constructeur de *MaFenetre*, on associe à la fenêtre un objetécouteur de type *Ecout* par *add (new Ecout())*.

```
import javax.swing.* ; // pour JFrame
import java.awt.event.* ; // pour MouseEvent et MouseListener
class MaFenetre extends JFrame
{ public MaFenetre () // constructeur
{ setTitle ("Gestion de clics") ;
setBounds (10, 20, 300, 200) ;
addMouseListener (new Ecout()) ; // on ecoute avec un objet de type
Ecout
}
}
class Ecout implements MouseListener
{ public void mousePressed (MouseEvent ev)
{ System.out.println ("appui en " + ev.getX() + " " + ev.getY()) ;
}
public void mouseReleased(MouseEvent ev)
```

```
{ System.out.println ("relachement en " + ev.getX() + " " +
ev.getY()) ;
}
public void mouseClicked(MouseEvent ev) {}
public void mouseEntered (MouseEvent ev) {}
public void mouseExited (MouseEvent ev) {}
}
public class Clic2
{ public static void main (String args[])
{ MaFenetre fen = new MaFenetre() ;
fen.setVisible(true) ;
}
}
```

Exercice 7.2:Calculatrice avec NetBeans JDialog Form

Utiliser l'application **JDialog Form** de NetBeans et réaliser la calculatrice suivante :

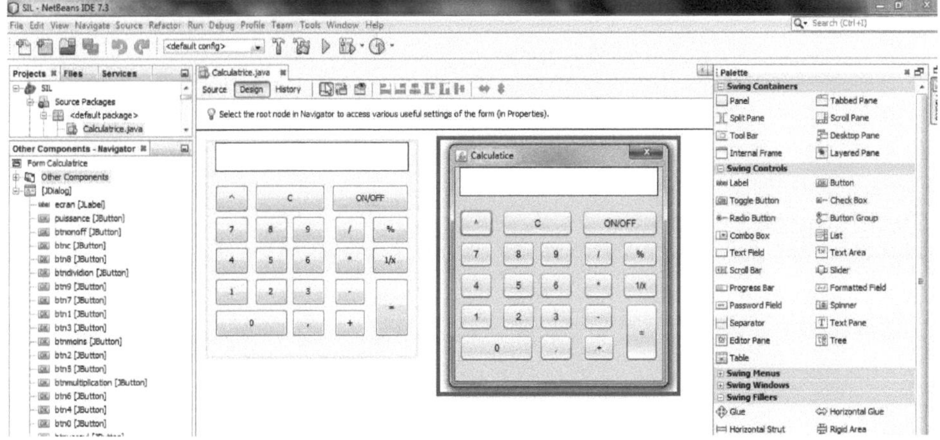

Travail à faire

Solution :

Code source complet :

```
public class Calculatrice extends javax.swing.JDialog {

double chiffre1;
    double chiffre2;
    double resultat;
    int clickpuls, clickmoins, clickfois,clicksur,clickpuissance;

public Calculatrice(java.awt.Frame parent, boolean modal) {
        super(parent, modal);
        initComponents();
    }


    @SuppressWarnings("unchecked")
    // <editor-fold defaultstate="collapsed" desc="Generated Code">
    private void initComponents() {
```

```
    private void btnonoffActionPerformed(java.awt.event.ActionEvent
evt) {
if (ecran.getText().equals(""))
        { ecran.setText("0");}
     else  { ecran.setText("");}       }

    private void
btninverseActionPerformed(java.awt.event.ActionEvent evt) {
if (!ecran.getText().equals(""))  {
double inverse, chiffre;
chiffre= Double.parseDouble(ecran.getText());
if (chiffre!=0)
{ inverse=1/chiffre;
ecran.setText(String.valueOf(inverse));   }
else{
ecran.setText("devision a zero interdit");   }}    }
    private void btncActionPerformed(java.awt.event.ActionEvent evt)
{
             if (!ecran.getText().equals(""))
                     ecran.setText("0");     }
    private void btn9ActionPerformed(java.awt.event.ActionEvent evt)
{
        if (!ecran.getText().equals(""))    {
        if (ecran.getText().equals("0"))
        {              ecran.setText(btn9.getText());          }
        Else             {
           ecran.setText(ecran.getText()+btn9.getText());        }
    }    }

    private void btn8ActionPerformed(java.awt.event.ActionEvent evt)
{
        if (!ecran.getText().equals(""))
    {
        if (ecran.getText().equals("0"))
        {              ecran.setText(btn8.getText());          }
        else             {             ecran.setText(ecran.getText()
+btn8.getText());              }
    }
    }

    private void btn7ActionPerformed(java.awt.event.ActionEvent evt)
{
       if (!ecran.getText().equals(""))
    {
        if (ecran.getText().equals("0"))
        {              ecran.setText(btn7.getText());         }
```

```
        else
           {             ecran.setText(ecran.getText()
+btn7.getText());             }
   }
    }

    private void btn6ActionPerformed(java.awt.event.ActionEvent evt)
{
         if (!ecran.getText().equals(""))
   {
        if (ecran.getText().equals("0"))
        {             ecran.setText(btn6.getText());        }
        else
           {             ecran.setText(ecran.getText()
+btn6.getText());              }
   }
    }

    private void btn5ActionPerformed(java.awt.event.ActionEvent evt)
{
        if (!ecran.getText().equals(""))
   {
        if (ecran.getText().equals("0"))
        {              ecran.setText(btn5.getText());        }
        else
           {             ecran.setText(ecran.getText()
+btn5.getText());              }
   }
    }

    private void btn4ActionPerformed(java.awt.event.ActionEvent evt)
{
         if (!ecran.getText().equals(""))
   {
        if (ecran.getText().equals("0"))
        {             ecran.setText(btn4.getText());         }
        else
           {              ecran.setText(ecran.getText()
+btn4.getText());       }
   }
    }

    private void btn3ActionPerformed(java.awt.event.ActionEvent evt)
{
        if (!ecran.getText().equals(""))
   {
        if (ecran.getText().equals("0"))
```

```
        {              ecran.setText(btn3.getText());        }
        else
           {          ecran.setText(ecran.getText()
+btn3.getText());            }
   }
    }

    private void btn2ActionPerformed(java.awt.event.ActionEvent evt)
{
        if (!ecran.getText().equals(""))
   {
        if (ecran.getText().equals("0"))
        {              ecran.setText(btn2.getText());        }
        else
           {          ecran.setText(ecran.getText()
+btn2.getText());            }
   }
    }

    private void btn1ActionPerformed(java.awt.event.ActionEvent evt)
{
        if (!ecran.getText().equals(""))
   {
        if (ecran.getText().equals("0"))
        {              ecran.setText(btn1.getText());        }
        else
           {          ecran.setText(ecran.getText()
+btn1.getText());            }
   }
    }

    private void btn0ActionPerformed(java.awt.event.ActionEvent evt)
{
         if (!ecran.getText().equals(""))
   {
        if (ecran.getText().equals("0"))
        {              ecran.setText(btn0.getText());        }
        else
           {          ecran.setText(ecran.getText()
+btn0.getText());            }
   }
    }

 private void
btnpoucentageActionPerformed(java.awt.event.ActionEvent evt) {
if (!ecran.getText().equals(""))
     {          double chiffre;
```

```
         chiffre= Double.parseDouble(ecran.getText());
         chiffre=chiffre/100;
          ecran.setText(String.valueOf(chiffre));          }    }
private void puissanceActionPerformed(java.awt.event.ActionEvent
evt) {
         if (!ecran.getText().equals(""))     {
chiffre1= Double.parseDouble(ecran.getText());
         ecran.setText("0");
         clickpuissance=1;           }    }
    private void btnplusActionPerformed(java.awt.event.ActionEvent
evt) {
if (!ecran.getText().equals(""))
     {
chiffre1= Double.parseDouble(ecran.getText());
ecran.setText("0");
         clickpuls =1;                }    }
    private void btnmoinsActionPerformed(java.awt.event.ActionEvent
evt) {
      if (!ecran.getText().equals(""))
{

         chiffre1= Double.parseDouble(ecran.getText());
ecran.setText("0");
         clickmoins =1;
     }
    }

    private void
btnmultiplicationActionPerformed(java.awt.event.ActionEvent evt) {
if (!ecran.getText().equals(""))
{

         chiffre1= Double.parseDouble(ecran.getText());
         ecran.setText("0");
         clickfois =1;
     }
    }

private void btndividionActionPerformed(java.awt.event.ActionEvent
evt) {
if (!ecran.getText().equals(""))
     {

         chiffre1= Double.parseDouble(ecran.getText());
         ecran.setText("0");
         clicksur =1;
     }
```

```
    }

private void btnegalActionPerformed(java.awt.event.ActionEvent evt)
{
           if (!ecran.getText().equals(""))
 {
chiffre2=Double.parseDouble(ecran.getText());

if (clickpuls ==1)
        {
resultat= chiffre1 + chiffre2;
        ecran.setText(String.valueOf(resultat));
            clickpuls =0;
            resultat =0;
        }///////////////////////
        if (clickmoins ==1)
        {
            resultat= chiffre1 - chiffre2;
        ecran.setText(String.valueOf(resultat));
            clickmoins =0;
            resultat =0;
        }//////////////////////////////////
        if (clicksur ==1)
        {
            if (chiffre2 !=0)
                    {
            resultat= chiffre1 / chiffre2;
ecran.setText(String.valueOf(resultat));
}
            else
            {
                ecran.setText("Division par zero impossible");
            }
            clicksur =0;
            resultat =0;
        }////////////////////
        if (clickfois ==1)
        {
            resultat= chiffre1 * chiffre2;
ecran.setText(String.valueOf(resultat));
clickfois =0;
            resultat =0;
        }////////////////////////////////////
        if (clickpuissance ==1)
        {
            resultat= Math.pow(chiffre1, chiffre2);
ecran.setText(String.valueOf(resultat));
```

```
            clickpuissance =0;
            resultat =0;
        }
}
   }
```

Exercice 7.3:

Création de boutons et choixd'un gestionnaire FlowLayout

Écrire un programme qui crée une fenêtre (*JFrame*) et qui y affiche *n* boutons portant lesétiquettes *BOUTON1*, *BOUTON2*... disposés comme dans cet exemple :
La valeur de *n* sera lue au claviera.

Solution :

Rappelons qu'on ajoute un composant (tel un bouton), non pas directement à un objet fenêtre (type JFrame ou dérivé), mais à son contenu (objet de type Container) dont on obtient la référence à l'aide de la méthode getContentPane de la classe JFrame.
Par ailleurs, ici, on ne peut pas se contenter d'utiliser le gestionnaire par défaut de JFrame qui est de type BorderLayout (il ne permet de placer qu'au maximum 5 composants). Il faut utiliser un gestionnaire de type FlowLayout. Le choix d'un gestionnaire se fait à l'aide de la méthode setLayout qu'on applique là encore au contenu de la fenêtre, et à laquelle on transmet en argument la référence d'un objet du type voulu.

```
import javax.swing.* ;
import java.awt.* ;
class FenBoutons extends JFrame
{
public FenBoutons (int nBout)
{ setTitle ("BOUTONS") ;
setSize (200, 150) ;
Container contenu = getContentPane() ;
contenu.setLayout (new FlowLayout()) ;
for (int i=0 ; i<nBout ; i++)
{ unBouton = new JButton ("BOUTON"+(i+1)) ;
contenu.add(unBouton) ;
```

```
}
}
private JButton unBouton ;
}
public class Boutons
{ public static void main (String args[])
{ System.out.print ("Combien de boutons ? ") ;
int nBoutons = Clavier.lireInt() ;
FenBoutons fen = new FenBoutons(nBoutons) ;
fen.setVisible(true) ;
}
}
```

Exercice 7.4:Cases à cocher

Écrire un programme qui affiche deux boutons marqués *RAZ* et *Etat* et trois cases àcocher, de la façon suivante :

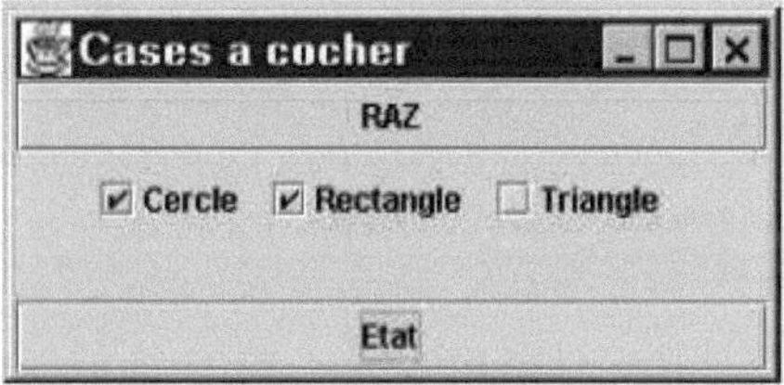

L'action sur le bouton *Etat* provoquera l'affichage en fenêtre console des cases sélectionnées.
L'action sur *RAZ* remettra les trois cases à l'état non coché. Enfin, on signaleraen fenêtre console les événements de type *Action* et *Item* associés à chacune des troiscases (en précisant la source concernée).

Solution :

Nous placerons les trois cases dans un panneau associé à la fenêtre. Nous faisons de la fenêtrel'écouteur des boutons et des cases. Comme l'impose l'énoncé, nous redéfinissons à la fois lesméthodes actionPerformed et itemStateChanged.

```
import javax.swing.* ;
import java.awt.* ;
import java.awt.event.* ;


class MaFenetre extends JFrame implements ActionListener,
ItemListener
{ public MaFenetre ()
{ setTitle ("Cases a cocher") ;
```

```
setSize (300, 140) ;
Container contenu = getContentPane () ;
// les deux boutons
boutRaz = new JButton ("RAZ") ;
boutRaz.addActionListener (this) ;
contenu.add (boutRaz, "North") ;
boutEtat = new JButton ("Etat") ;
boutEtat.addActionListener (this) ;
contenu.add (boutEtat, "South") ;
// les cases a cocher dans un panneau
pan = new JPanel () ;
contenu.add (pan) ;
cercle = new JCheckBox ("Cercle") ;
pan.add (cercle) ;
cercle.addActionListener (this) ;
cercle.addItemListener (this) ;
rectangle = new JCheckBox ("Rectangle") ;
pan.add (rectangle) ;
rectangle.addActionListener (this) ;
rectangle.addItemListener (this) ;
triangle = new JCheckBox ("Triangle") ;
pan.add (triangle) ;
triangle.addActionListener (this) ;
triangle.addItemListener (this) ;
}
public void actionPerformed (ActionEvent e)
{ Object source = e.getSource() ;
if (source == boutRaz)
{ cercle.setSelected (false) ;
rectangle.setSelected (false) ;
triangle.setSelected (false) ;
}
if (source == boutEtat)
{ System.out.print ("Cases selectionnees : ") ;
if (cercle.isSelected()) System.out.print (" cercle ") ;
if (rectangle.isSelected()) System.out.print (" rectangle ") ;
if (triangle.isSelected()) System.out.print (" triangle ") ;
System.out.println() ;
}
if (source == cercle) System.out.println ("Action case cercle") ;
if (source == rectangle) System.out.println ("Action case
rectangle") ;
if (source == triangle) System.out.println ("Action case
triangle") ;
}
public void itemStateChanged (ItemEvent e)
{ Object source = e.getSource() ;
```

```
if (source == cercle) System.out.println ("Item case cercle") ;
if (source == rectangle) System.out.println ("Item case
rectangle") ;
if (source == triangle) System.out.println ("Item case triangle") ;
}
private JButton boutRaz, boutEtat ;
private JPanel pan ;
private JCheckBox cercle, rectangle, triangle ;
}
public class Coches
{ public static void main (String args[])
{ MaFenetre fen = new MaFenetre() ;
fen.setVisible(true) ;
}
}
```

Exercice 7.5:Champs de texte

Écrire un programme qui permet à l'utilisateur de saisir un nombre entier dans un champtexte et qui en affiche le carré lorsqu'il agit sur un bouton marqué CALCUL :

Le programme devra gérer convenablement le cas où l'utilisateur entre autre chose qu'unnombre dans le champ texte ; il pourra par exemple remettre ce champ à blanc.

Solution :

Ici, nous pouvons nous permettre d'introduire directement dans la fenêtre les différentscontrôles dont nous avons besoin. Nous remplaçons simplement le gestionnaire par défaut parun gestionnaire de type FlowLayout.
Nous utilisons des objets de type JLabel pour les libellés, ainsi que pour la valeur du carré. Lasaisie du nombre se fait dans un objet nommé nombre de type JTextField.
Ici, nous n'avons pas à nous préoccuper des événements générés par nombre puisque le calculproprement dit est déclenché par une action extérieure à l'objet. En revanche, nous devonstraiter les événements de type Action déclenchés par le bouton. Nous y récupérons le contenudu champ texte que nous convertissons en entier avec la méthode Integer.parseInt. Celle-cidéclenche une exception NumberFormatException lorsque la chaîne ne correspond pas à unnombre entier (y compris lorsqu'elle contient trop de chiffres). Dans le gestionnaire d'exceptioncorrespondant, nous nous contentons de remettre à blanc le contenu du champ texte.

Ici, nous calculons le carré du nombre dans le type long, ce qui évite tout problème dedépassement de capacité.

```
import java.awt.* ;
import java.awt.event.* ;
import javax.swing.* ;
class MaFenetre extends JFrame implements ActionListener
{ public MaFenetre ()
{ setTitle ("Carres") ;
setSize (400, 100) ;
Container contenu = getContentPane() ;
contenu.setLayout (new FlowLayout() ) ;
labNombre = new JLabel (etiqNombre) ;
contenu.add(labNombre) ;
nombre = new JTextField (10) ;
contenu.add(nombre) ;
boutonCalcul = new JButton ("CALCUL") ;
contenu.add(boutonCalcul) ;
boutonCalcul.addActionListener(this) ;
labCarre = new JLabel (etiqCarre) ;
contenu.add(labCarre) ;
}
public void actionPerformed (ActionEvent e)
{ if (e.getSource() == boutonCalcul)
try
{ String texte = nombre.getText() ;
int n = Integer.parseInt(texte) ;
long carre = (long)n*(long)n ;
labCarre.setText (etiqCarre + carre) ;
}
catch (NumberFormatException ex)
{ nombre.setText ("") ;
labCarre.setText (etiqCarre) ;
}
}
private JLabel labNombre, labCarre ;
private JTextField nombre ;
static private String etiqNombre = "Nombre : ", etiqCarre = "Carre :
" ;
private JButton boutonCalcul ;
}
public class Carre
{ public static void main (String args[])
{ MaFenetre fen = new MaFenetre() ;
fen.setVisible(true) ;
}
}
```

Exercice 7.6:Création d’un menu déroulant usuel

Créer une fenêtre (dérivée de *JFrame*) munie d'une barre de menus constituée :

- d'un menu *Fichier* comportant les options : *Ouvrir*, *Sauvegarder* et *Fermer*,
- d'un menu *Edition* comportant les options : *Copier* et *Coller*.

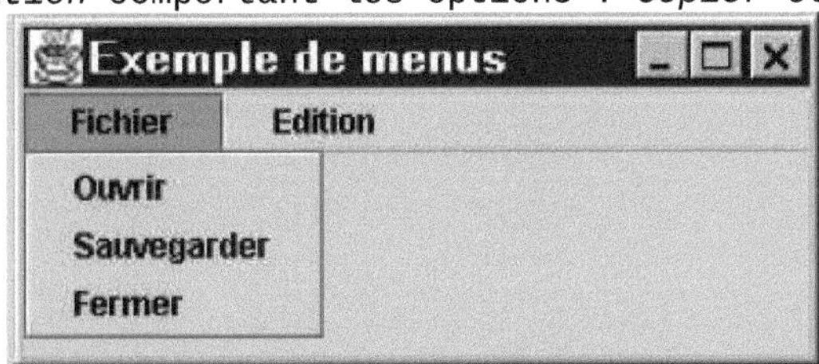

On ne cherchera pas ici à traiter les actions correspondantes.

Solution :

Dans le constructeur de la fenêtre, nous créons un objet de type JMenuBar et nous le rattachonsà la fenêtre avec la méthode add. Puis nous créons deux objets de type JMenu (nommésfichier et edition) que nous rattachons à la barre des menus. Pour chaque menu, nous créonsles options voulues (de type JMenuItem) et nous les associons au menu par add.

```
import java.awt.*;
import javax.swing.* ;
class FenMenu extends JFrame
{ public FenMenu ()
{ setTitle ("Exemple de menus") ;
setSize (300, 120) ;
/* creation barre des menus */
barreMenus = new JMenuBar() ;
setJMenuBar(barreMenus) ;
/* creation menu Fichier et ses options */
fichier = new JMenu ("Fichier") ;
barreMenus.add(fichier) ;
ouvrir = new JMenuItem ("Ouvrir") ;
fichier.add (ouvrir) ;
sauvegarder = new JMenuItem ("Sauvegarder") ;
fichier.add (sauvegarder) ;
fermer = new JMenuItem ("Fermer") ;
fichier.add (fermer) ;
/* creation menu Edition et ses options */
edition = new JMenu ("Edition") ;
barreMenus.add (edition) ;
copier = new JMenuItem ("Copier") ;
edition.add (copier) ;
coller = new JMenuItem ("Coller") ;
edition.add (coller) ;
}
private JMenuBar barreMenus ;
private JMenu fichier, edition ;
private JMenuItem ouvrir, sauvegarder, fermer, copier, coller ;
}
public class Fiched1
```

```
{ public static void main (String args[])
{ FenMenu fen = new FenMenu() ;
fen.setVisible(true) ;
}
}
```

VIII. Les Applets :

Horloge Analogique avec les Applets

Mini projet1 :

Ecrire une applet affichant une horloge à aiguilles (heures, minutes, secondes) qui représente en temps réel l'heure du système. Vous devrez utiliser un thread dédié à l'animation, et la technique du double-buffering pour éviter les scintillements de l'image.

Travail à faire

Créer deux classes. La première, **Horloge**, comprends une méthode **draw**. L'appel de cette fonctionprovoque l'affichage de l'horloge à l'heure de l'appel de la méthode. Cette fonction sera appelée en boucle par notre seconde classe **AppletHorloge**, qui elle se chargera de l'animation de l'horloge et du rafraîchissement de l'affichage.

La classe Horloge

Elle regroupe tous les calculs d'angles et de coordonnées nécessaires à l'affichage des différents composants del'horloge :

- un cercle plein (fond de l'horloge),

- les nombres correspondant aux heures (1 à 12),

- les trois aiguilles des heures, minutes et secondes.

Lors de l'instanciation d'une Horloge, le constructeur est appelé avec le rectangle dans lequel l'horloge devra se dessiner (rect) :

public Horloge(Rectangle rect, FontMetrics fm) {

L'affichage est provoqué par l'appel de la méthode draw(Graphics g). Le dessin des différents éléments est effectué sur le contexte graphique g passé en paramètre.

La méthode draw

On commence par récupérer l'heure système grâce à la classe Date. Cette classe est compatible avec Java

Cependant, pour travailler avec une version ultérieure du langage, on pourra employer les classes Calendar et GregorianCalendar, qui sont mieux adaptées aux systèmes de calendrier internationaux.Date **date = new Date(); int s = date.getSeconds(); int m = date.getMinutes();**

int h = date.getHours() % 12;

On affiche les différentes composantes de l'horloge, on calcule les positions des différentes aiguilles et on les affiche.

Le calcul des positions des nombres est effectué par la méthode calcPosNum(). Celle-ci est exécutée dans laméthode init(). Bien que l'on puisse se satisfaire d'un positionnement des nombres moins précis, cette fonction dispose les nombres de façon à ce qu'ils soient à égale distance du cercle.

La classe AppletHorloge

Animation de l'horloge : Une animation est une suite d'opérations de dessin. Ces dessins sont affichés continuellement, et cela entraîne un temps de traitement important. Un thread est une partie d'exécution d'un programme fonctionnant de manière autonome, laissant ainsi au programme la possibilité d'exécuter autre chose. C'est un exemple de multitâche : en effet, le programme peut effectuer simultanément plusieurs tâches.

Nous allons donc détacher un thread pour toute la partie calcul et affichage de l'horloge. C'est notamment dans ce thread que les appels à draw de la classe Horloge seront effectués.

Plusieurs points sont à prendre en compte pour la création d'un thread :

permettre à la classe d'utiliser les méthodes de la classe Runnable, qui permet le mécanisme de
threading. Pour cela, on ajoute implements Runnable à la suite de la déclaration de la classe
AppletHorloge.

Public class AppletHorloge extends Applet implements Runnable

Créer le thread, préalablement déclaré, dans la méthode start() et l'exécuter.

```
public void start() {
if ((animation == null) || (!animation.isAlive())) {
animation = new Thread(this); }
animation.start(); }
```

Redéfinir la méthode run() dans laquelle on enchaîne le rafraîchissement de l'horloge.

```
public void run() { while (Thread.currentThread() == animation) {
try {
repaint(); //on provoque le redessin de l'image
Thread.sleep(delai); //et on attend }
catch (InterruptedException e) { e.printStackTrace(); }}}
```

Dans la méthode stop() on arrête le déroulement du thread.

```
public void stop() {
if ((animation != null) && (animation.isAlive())) {animation.stop();
}}
```

Dessiner des images…

Le principe de dessin de Java implique plusieurs méthodes que l'on peut redéfinir pour nos besoins.

L'affichage est déclenché par la méthode repaint() qui provoque l'appel de la méthode update(). Celle-ci se charge d'effacer l'écran et d'appeler à son tour la méthode paint().

Lors d'une animation, l'exécution bouclée de la méthode repaint() va donc entraîner des scintillements, dus au fait que l'écran s'efface et s'affiche successivement. Pour contourner ce problème, nous utiliserons la méthode du double-buffering.
Le double-buffering C'est une technique qui consiste à dessiner une image entière d'une animation à un endroit invisible avant de la copier dans la fenêtre visible d'un programme. Cet endroit situé hors écran est appelé buffer (tampon).
Dans notre exemple, nous allons nous servir d'un tel buffer pour éviter que les différentes étapes du dessin de l'horloge n'apparaissent à l'écran. Ainsi, on déclare les variables d'instance :

private Graphics tmpG;
private Image tmpImage;

La première est le contexte graphique dans lequel on dessinera toutes les étapes de l'affichage d'une horloge, et la seconde, représente l'image ainsi dessinée et sera directement copiée sur la partie visible de la fenêtre.
Ces deux objets doivent être initialisés, en l'occurrence dans la méthode init() :

tmpImage = createImage(dimension.width, dimension.height); tmpG = tmpImage.getGraphics();

Il faudra maintenant utiliser le contexte graphique tmpG pour dessiner les différentes parties de l'horloge, et ensuite copier l'image tmpImage sur l'écran.
Pour éviter le scintillement de l'affichage (causé par l'effacement de l'écran à chaque appel de redraw()), on redéfinira la méthode update() pour qu'elle n'efface plus l'écran, et on va en profiter pour lui faire effectuer le dessin de l'horloge dans le buffer. Ensuite on appelle la méthode paint().

public void update(Graphics g) { horloge.draw(tmpG); paint(g); }

La méthode paint() n'aura plus qu'à dessiner le buffer sur l'écran :

public void paint(Graphics g) { g.drawImage(tmpImage, 0, 0, this); }

Correction

I. La Classe Horloge :

```
package realisation_horloge;
import java.awt.*;
import java.util.*;
public class Horloge extends Object
{
private Color couleurSec;
private Color couleurMin;
private Color couleurHeure;
private Color couleurCercle;
private Color couleurNb;
private Color couleurFond;
private Dimension dimension; //taille d
private FontMetrics fm;
private Point centre;
private Point debut;
private int rayon;
private int diam;                 //diamètre de l'horloge
private Point[] coordNb;          // coordonnées des emplacements
des 12 nombres
private String[] txtNb;       // les 12 nombres au format texte
(12, 1, 2, ...)
private int raySec;     //rayon de l'aiguille des secondes
private int rayMin;     //rayon de l'aiguille des minutes
private int rayHeure;     //rayon de l'aiguille des heures
private double sa = Math.PI / 2;       //radians pour 1/4 de
cercle
private double rs1s = Math.PI / 30;      //rotation de 1 sec de
l'aiguille des secondes
private double rm1s = rs1s / 60;      //rotation de 1 sec de
l'aiguille des minutes
private double rh1s = rm1s / 12;   //Constructeur
public Horloge(Rectangle rect, FontMetrics fm) {
this.fm = fm;
couleurCercle = Color.lightGray;
couleurNb = Color.black;
couleurSec = Color.red;
couleurMin = Color.black;
couleurHeure = Color.black;
couleurFond = Color.white;
```

```
dimension = new Dimension(rect.width, rect.height);
diam = Math.min(rect.width, rect.height);
rayon = diam / 2;
debut = new Point(rect.x, rect.y);
centre = new Point(debut.x + rayon, debut.y + rayon);
raySec = rayon;
rayMin = (int) (.9 * rayon);
rayHeure = (int) (.5 * rayon);
calcPosNum((int) (rayon*8/ 10));    }
public void draw(Graphics g)
{
Date date = new Date();
int s = date.getSeconds();
int m = date.getMinutes();
int h = date.getHours() % 12;
int ms = m * 60;
int hs = h * 60 * 60;
//On efface la zone de l'horloge
g.setColor(couleurFond);
g.fillRect(debut.x,          debut.y,          dimension.width,
dimension.height);
// On dessine le cercle plein
g.setColor(couleurCercle);
g.fillOval(debut.x, debut.y, diam, diam);
// On dessine les 12 nombres
g.setColor(couleurNb);
g.drawOval(debut.x, debut.y, diam, diam);
for (int i = 0; i < coordNb.length; i++)
{
g.drawString(txtNb[i], coordNb[i].x, coordNb[i].y);
}
// Dessin de l'aiguille des secondes
g.setColor(couleurSec);
int  sx  =  (int)  ((Math.cos((s  *  rs1s)  -  sa)  *  raySec)  +
centre.x);
int  sy  =  (int)  ((Math.sin((s  *  rs1s)  -  sa)  *  raySec)  +
centre.y);
g.drawLine(centre.x, centre.y, sx, sy);
// Dessin de l'aiguille des minutes
g.setColor(couleurMin);
int mx = (int) ((Math.cos(((ms + s) * rm1s) - sa) * rayMin) +
centre.x);
```

```
int my = (int) ((Math.sin(((ms + s) * rm1s) - sa) * rayMin) +
centre.y);
g.drawLine(centre.x, centre.y - 1, mx, my);
g.drawLine(centre.x - 1, centre.y, mx, my);
// Dessin de l'aiguille des heures
g.setColor(couleurHeure);
int hx = (int) ((Math.cos(((hs + ms + s) * rh1s) - sa) *
rayHeure) + centre.x);
int hy = (int) ((Math.sin(((hs + ms + s) * rh1s) - sa) *
rayHeure) + centre.y);
g.drawLine(centre.x, centre.y - 2, hx, hy);
g.drawLine(centre.x - 2, centre.y, hx, hy);
}
private void calcPosNum(int r)
{
coordNb = new Point[12];
txtNb = new String[12];
double nda = Math.PI / 6; // angle de 30° en radians
txtNb[0] = "12";
for (int i = 1; i < coordNb.length; i++)
{
txtNb[i] = Integer.toString(i);
}
int a = fm.getMaxAscent();
int h = (fm.getMaxAscent() + fm.getMaxDescent()) / 2;
// Calcul des positions des nombres
for (int i = 0; i < coordNb.length; i++)
{
int nx = (int) ((Math.cos((i * nda) - sa) * r) + centre.x);
int ny = (int) ((Math.sin((i * nda) - sa) * r) + centre.y);
int w = fm.stringWidth(txtNb[i]) / 2;
coordNb[i] = new Point(nx - w, ny + a - h);
}}}
```

II. La Classe AppletHorloge

```
package realisation_horloge;
import java.applet.*;
import java.awt.*;
public class AppletHorloge extends Applet implements Runnable {
private Horloge horloge;
private Image tmpImage; // image pour le double-buffering
private Graphics tmpG; // contexte graphique pour le double-
buffering
```

```
private Thread animation;
private Dimension dimension;
private long delai; //en ms
private FontMetrics fm;
private Color couleurFond;
private Font font;
private int bordure;
private Rectangle rect;
public void init() {
dimension = size();
couleurFond = Color.blue;
setBackground(couleurFond);
delai = 100;
bordure = 10;
// Creation de l'image tampon pour le double-buffering
tmpImage = createImage(dimension.width, dimension.height);
tmpG  =  tmpImage.getGraphics();  //nouveau  contexte  graphique  de
l'image
tmpG.setColor(couleurFond);
tmpG.fillRect(0, 0, dimension.width, dimension.height);
rect = new Rectangle( bordure,
bordure,
dimension.width - (2 * bordure),
dimension.height - (2 * bordure));
font = new Font("TimesRoman", Font.BOLD, 12);
tmpG.setFont(font);
fm = tmpG.getFontMetrics();
horloge = new Horloge(rect, fm);
}
public void start() {
if ((animation == null) || (!animation.isAlive())) {
animation = new Thread(this);
}
animation.start();
}
public void run() {
while (Thread.currentThread() == animation) {
try {
repaint(); //on provoque le redessin de l'image
Thread.sleep(delai); //et on attend
}
catch (InterruptedException e) {
e.printStackTrace();
```

```
}
}
}
public void update(Graphics g) {
horloge.draw(tmpG);
paint(g);
}
public void paint(Graphics g) {
g.drawImage(tmpImage, 0, 0, this);
}
public void stop() {
if ((animation != null) && (animation.isAlive())) {
animation.stop();
}
}
public void destroy() {
animation = null; // provoque l'arret de l'animation (boucle while
de run() )
tmpG.dispose(); // libération des ressources du contexte graphique
}
}
```

Table des matières

Printed by Books on Demand GmbH, Norderstedt / Germany